|光明社科文库|

企业家的社会责任

聂启明◎著

光明日报出版社

图书在版编目（CIP）数据

企业家的社会责任 / 聂启明著 . -- 北京：光明日报出版社，2019.3

ISBN 978 - 7 - 5194 - 5094 - 6

Ⅰ . ①企… Ⅱ . ①聂… Ⅲ . ①企业家—社会责任—研究 Ⅳ . ①F272.91

中国版本图书馆 CIP 数据核字（2019）第 040143 号

企业家的社会责任
QIYEJIA DE SHEHUI ZEREN

著　　者：聂启明

责任编辑：宋　悦　　　　　　　责任校对：赵鸣鸣
封面设计：中联学林　　　　　　　责任印制：曹　净

出版发行：光明日报出版社
地　　址：北京市西城区永安路 106 号，100050
电　　话：010 - 67078251（咨询），63131930（邮购）
传　　真：010 - 67078227，67078255
网　　址：http：//book. gmw. cn
E - mail：songyue@ gmw. cn
法律顾问：北京德恒律师事务所龚柳方律师
印　　刷：三河市华东印刷有限公司
装　　订：三河市华东印刷有限公司
本书如有破损、缺页、装订错误，请与本社联系调换，电话：010 - 67019571
开　　本：170mm×240mm
字　　数：208 千字　　　　　　　印　　张：15.5
版　　次：2019 年 5 月第 1 版　　　印　　次：2019 年 5 月第 1 次印刷
书　　号：ISBN 978 - 7 - 5194 - 5094 - 6
定　　价：85.00 元

前　言

现在谈企业家的社会责任有着深刻的现实意义。虽然企业家应该担负社会责任已经成为社会的共识，但是我国企业家的社会责任感是"先入为主"的。

我国第一批企业是由政府兴办的，在20世纪初的中国，企业家在获取利润的同时都在考虑能为国家的振兴做些什么。在1992年正式确立市场经济在我国的地位以后的短短十几年里，传统和现实一起要求我们的企业家不仅仅要考虑为自己赚取丰厚的利润，更要为整个社会、自然环境着想。所以我国企业家承担社会责任很大程度上是"被动"的，他们可能并看不清自己承担社会责任最根本的原因是什么，只是因为民众如此要求、社会舆论如此宣传而这么做的。因此，现在出版这本书，我希望有助于我们的企业家了解承担社会责任的根本所在，让更多的企业家为更广泛的人民更体贴的服务。

企业不应该只是赚钱的机器，它是人类社会的一个重要组成部分，企业家应该也必须承担自己的社会责任。企业家社会责任的概念最早是由西方发达国家提出的，在20世纪70年代得到了进一步发展，成为学术界与社会共同关注的重要概念。企业家社会责任的概念是与可持续发展紧密联系在一起的，它认为企业家在做出决策时不应该仅仅根据利润或分红的大小，而是应该把自己活动对社会和环境的影响也同时考虑进来。具体来说，就是要求企业家具有"道德"，而不仅仅是自私自利的一个组织。企业家要在促进经济发展的同时提高员工及其家人的生活质量，并且为社会和环境的可持续发展尽到责任。

企业家承担社会责任有利于企业创造更广阔的生存环境，有利于企业的可持续发展。同时，企业家承担社会责任不仅能够使生产的产品、提供的服务拥有较高的知名度，而且，还为企业树立了良好的品牌形象和社会形象，受到更多顾客的青睐。消费者对于政府的影响也是十分重大的。普遍而言，大多数国家政府制定了各种环境、质量指标来限制和引导企业的发展，这从客观上也鼓励了企业家主动去承担更加重大、具体的社会责任。

为了这本专著诞生，我们专门组织调研团队在全国范围内开展了广泛的问卷调查活动，范围涵盖北京、上海、天津、江苏、山东、河北、福建、广东、浙江以及湖南等地区，在公务繁忙的情况下，有很大困难，但是治学就要认真，做下来再回顾的时候，才发现自己其实没有浪费时间，反而有很大的收获。其中发生的很多故事，让我今天还在感动之中。《企业家的社会责任》在现实需要之下应时而出，它的主要成果和创新表现在以下几个方面：

第一，从行为经济学的视角来解读企业社会责任，突破传统的从公司治理、社会责任层级、企业公民和经济伦理的角度来分析，将企业家认定为是"有限理性"的。采用不同于新古典经济学的比较静态分析，动态地分析企业家的行为，强调企业家认知能力的局限和偏好的内生性。

第二，在充分考察和分析我国企业家社会责任的发展和西方国家企业家社会责任的基础上，通过横向和纵向的比较，指出我国企业家承担社会责任的现状、困难及改进方法，打破以往单纯在本国的范围内分析，论证更充分，更有说服力。

第三，系统介绍了企业社会责任标准评估体系，重点介绍了1997年由社会责任国际建立的社会责任国际标准 SA8000 的基本内容、运行模式和 SA8000 在中国实施的现状和困难，并对我国实施 SA8000 标准问题提出解决的建议，为建立我国企业家社会责任评估体系提供理论支持。

聂启明

目　录
CONTENTS

第一章　企业家社会责任概论

　　"企业家精神"对当代中国有着重要意义。企业家精神来源于人之本性之冲动，无需刻意培养，稍加引导就会自然具备。市场机制是其最大的动力和压力。而社会责任则是"企业家精神"中的另一层重要内涵。社会责任来源于一种使命感，是一种"国家利益和消费者利益至高无上"的使命感。这种使命感的培育不会从天而降，我们无法假设每个拥有巨额财富的企业家都是天生的道德楷模，人们有理由存疑，从某些角度看，这些存疑还显然具有合理性。

　　现在对社会责任讨论较多的是财富公正和地位平等。所谓财富公正意指企业家应该以合法的手段为社会创造财富，从社会获取财富，而且要对社会怀有报恩之心。财富的消费不仅仅是属于个人，而是属于整个社会，要让财富的效用在不断创造中最大化，谋求带来社会公正的同时带来经济效率。所谓地位平等意指市场经济中企业间自由竞争的格局培育了企业家们平等的机会、平等的人格，赋予了他们更多的要求、平等的主张。强调企业家作为某种精英身份的象征应该把平等扩展到整个国民。

　　企业家是千千万万组成社会的个体——"公民"中的一员，因此企业家首先应承担公民责任。

　　作为经营管理企业的代表，企业家更多情况下需要兼顾多方利益，既要接受行业主管部门的垂直领导，又要考虑职工群众的现实需求；既要执行宏观调控政策，又要兼顾市场环境的变化；既要考虑经济系统运行的均衡性，又要保证对地方经济的持续贡献；既要关注经济性指标的成长质量，又要注重树立良好的社会公众形象。至关重要的一点是，无论在何种情境下"国家利益至高无上"都是必须谨记的根本原则。因为企业从根本上看都是国家利益的特殊载体。从这个意义说，不存在任何超越国家利益的"利益"与"责任"。

　　树立科学发展观是构建企业家社会责任体系的重要内容：一是人本，二是全面，三是协调，四是持续。①

　　没有观念就没有思路，没有思路就没有出路。如何理解企业和企业家的社会责任，对企业的行为选择至关重要。本书将为你掀开企业家社会责任的篇章，希望能对提高中国企业家社会责任发挥作用。

第一节　企业家社会责任的内涵界定

　　2001年世界经济论坛达沃斯年会上，联合国秘书长安南科菲·安南提出的全球协议计划，它的重要着眼点，就是呼吁企业和企业家按照人类共同的价值观和道义原则，强化企业尤其是世界级公司对经济、环境和社会发展应该负担的责任。那么究竟什么是企业社会责任呢？为了更好地理解企业家社会责任，有必要先分析一下企业社会责任。所谓企业的社会责任（简称CSR），就是指企业在追求利润与寻求自身发展的过程中，要对员工、消费者、环境、居民和其他利益相关者承

---

① 张铭业. 企业家的社会责任［J］. 中国信息报，2007.

担责任。每个人生活在这个世界上都在以各种方式承担责任，推卸责任的人得不到成长，更不会成功，企业家亦不例外。企业担负社会责任，企业家起着关键作用，企业家社会责任指的是企业家应该本着思利及人的观念去经营企业，在为社会创造财富的同时，也要推动企业对利益相关者承担社会责任。

第二节　企业家社会责任的核心要素重构

企业家的社会责任感体现在很多方面，这里就亟须企业家重视的三条社会责任进行初步探讨。

（一）战略层面的企业经营理念转换

1. 节约经营，探索企业可持续经营的源泉

中国人口众多，资源相对短缺，生态先天"脆弱"，依靠资源高消耗、高投入来发展经济的模式已经不适应资源短缺的时代。中国必须贯彻节约资源的基本国策，加快建设资源节约型社会，大力节能、节水、节材、节地和资源综合利用。客观地讲，企业是资源消耗最大、最容易污染环境的部门，所以，节约资源和保护环境是企业家不可推卸的责任。在残酷的全球化竞争时代，没有社会责任感的企业，没有人愿意与之合作，没有顾客始终愿意购买他们的产品。社会是企业的生存环境，是企业赖以成长的沃土，没有一个良好的环境，企业也就难以生存，更别说发展了。因而，具有高度责任感的企业家必须具有高瞻远瞩的战略眼光，在制定企业战略计划与决策时，务必要将保护环境和节约资源这两个重要因素考虑在内，严重污染环境的产品坚决不生产，高能耗、高投入的产品尽量不生产，这样才有可能使企业走上可持续发展的道路。

2. 诚信经营，恪守企业可持续经营的底线

改革开放之初，许多温州商人偷工减料，制造了大量假冒伪劣产品（尤其是温州皮鞋），温州人的信誉顷刻间荡然无存，温州和温州人同假冒伪劣产品画上了等号。失败的惨痛教训，让温州人终于狠下决心。1987 年 8 月 8 日，杭州武林门广场一把火，焚烧了温州劣质皮鞋。这一烧，烧醒了温州人的诚信意识和质量意识，烧出了温州鞋的中国名牌，这一烧向世人宣布温州将告别假冒伪劣。从此，温州鞋以崭新的形象走向全国、走向世界。"火烧皮鞋"事件前后温州鞋的形象"脱胎换骨"。诚信对于企业成功经营的重要性由此可见一斑。诚信是企业生存发展之本，是企业持续经营之源，是企业开拓创新之基，是企业长盛不衰的保证。诚信是一个企业可持续发展的底线，失信只能为企业赢得短期利润，而且会败坏形象，影响声誉。竞争对手并不可怕，失败也并不可怕，可怕的是失去诚信进而失去市场。的确，竞争激烈的市场经济形势下，失败可能是暂时的，但失信则会让你成为彻底的失败者。因此企业家必须树立"取信于顾客，为顾客提供最满意的产品与服务"的经营理念，并将其融入企业的日常工作和活动中，融入公司的价值观和文化中。

（二）文化层面的人性化企业文化管理

国际人士普遍认为，中国有全世界最好的《劳动法》，却未能得到很好地实施。最近华为有一个员工因疲劳死亡，很多人认为这是华为的"加班文化"和苛刻的绩效考核制度的牺牲品。这确实非常值得我们的企业家扪心自问：作为一家企业的老板，除了让员工获得相应的劳动报酬外，你还应该为你的员工考虑些什么呢？许多企业家甚至在连《劳动法》中规定的劳动者最基本的权益都未得到保障的情况下，不加思索地照搬一些中国古代儒家和道家的思想，并奉为企业文化，而员工们却根本不懂，这就凸显了一个企业家的愚昧与无知。企业文化是在企业的经营发展过程中所提炼出来的，对企业经营与管理能产

生重要影响，并为全体员工所遵循的价值观念、企业精神和行为准则的总和，所以企业文化必须考虑企业发展的实际情况。企业家应根据企业实际，结合《劳动法》中关于员工的劳动时间、劳动强度、休假等条款，制定并实施合理的劳动用人制度。1828年，英国空想社会主义者罗伯特·欧文，第一个在他发表的有关管理的著作里，把生产率的提高归结为人的因素，主张更多关心工人。他说，花在改善工人待遇和劳动条件上的投资，它给你的报偿，有时不是以百分之几或者几十，而是以百分之几百来计算的。企业家要高度重视创建人性化的企业文化，在企业内部营造一种尊重人、理解人、关心人、爱护人的良好氛围，创造一种让每个人都有"奔头"的创业环境。在现代社会，企业仅以追求利润最大化作为终极目标显得过于狭隘和偏私，一个优秀的企业家应悉心听取员工的心声，追求企业与员工的共同发展。

（三）个人层面的企业家行为取向转变

随着财富的迅速积累导致物欲的极度膨胀，很多企业家迷恋于物质生活的享受，只顾满足自己而无心回报社会。从总体来讲，中国的企业家们在使用财富的方式上，层次与水平远远低于发达资本主义国家的企业家，存在的原因主要有两方面：一是中国企业家对自己的定位仅局限于企业这个小舞台上，而未能摆正自己在社会这个大舞台中的位置；二是中国的企业家普遍希望给下一代留一笔可观的财富，彰显自身价值和社会名望。西方人以乐善好施和奉献社会来获取社会地位和尊重，而在中国，财富的多少才是衡量其社会地位的标准。强烈的反差不能不引起中国企业家的思考：企业家应该具有什么样的价值观和金钱观呢？

君子爱财，取之有道，更应去之有道。伯克希尔·哈撒韦公司总裁沃伦·巴菲特决定把自己440亿美元财产的约85%捐献给慈善机构，比尔·盖茨一直在给自己的基金会捐钱。诸如此类的富豪们将财产捐献给慈善机构而不是购买私人飞机或者把钱留给后代，这种对待金钱的态度和为社会慷慨解囊的行为值得大加赞赏。最近备受关注的"天籁绿洲"项目，是东风日产乘用车公司在北京、上海、广州等城市各认养一片林区建立非营利性生态休闲基地，通过定期组织车主进行植树活动等，目标是将其建成天籁汽车车主俱乐部，致力于参与国家环保事业的建设与发展，这个项目彰显了一个大型正规企业勇于承担社会责任的大家风范。一个优秀的企业家应当将企业经营同慈善活动与公益事业有机结合起来，将服务社会、回馈社会的行为价值取向融入企业的社会活动中。企业家可以通过捐款、资助、慈善活动、公益活动、创办基金会等多种形式来关注社会问题，诸如环境保护、贫困地区孩子的教育、基础设施建设等等。

一言以蔽之，企业家应该本着更加宽广的胸襟、怀着更加远大的抱负，以一颗感恩的心来经营企业，从企业经营理念、企业文化、企业家行为取向多方面核心要素的重构中推动企业社会责任的实现。

第三节　企业社会责任与企业家社会责任

企业（corporate）与企业家（entrepreneur）是两个明显不同的概念，企业社会责任的责任主体是企业，而企业家社会责任的责任主体是企业家，两者虽然关系密切，但存在本质的不同。

首先，企业与企业家的区别决定了两者是不相同的。企业是一种组织，而企业家是自然人。企业社会责任不是一种个人责任，而是一种由组织承担的社会责任。企业家的社会责任是由于企业家的社会属性决定的，企业社会责任是企业与社会契约关系决定的。

企业与企业家的关系取决于企业的组织制度形态。从组织制度形态上来看，企业一般分为独资业主制、合伙制和公司制。

对独资业主制企业和合伙制企业而言，企业家承担无限责任，所有权和经营权是统一的，企业全部利润归企业家所拥有。从这个意义上来说，企业家与企业存在很大的同构度，企业社会责任与企业家社会责任就难以清楚地划分。比如，企业对社区进行捐赠在一定程度上就是企业家捐赠自己的财产。

对公司制企业而言，公司以法人形态存在，其主要内涵是：第一，不管资金的来源是资本、负债还是利润留成，企业的一切资产都归公司法人所有；第二，公司法人本身为债务人，并以全部资产对债权人负责；第三，公司的所有人即出资者对企业有出资的义务，其最大损失以出资额为限，这也就是所谓的"有限责任制度"。在公司制企业中，企业家的财产和企业财产是两种不同的概念，企业社会责任与企业家社会责任也就有本质的不同。

其次，但是从逻辑学的角度来讲，企业家的社会责任与企业的社会责任是密不可分的。第一，企业家之所以成为企业家是因为他依托于这个企业，没有企业就不存在所谓的"企业家"，因此脱离企业而空洞地谈企业家的社会责任是可笑的。第二，企业在很大程度上体现了企业家的人格和意志，一个企业虽然多则有几万员工，但是企业家作为企业的领导人始终把握着整个企业的战略走向和未来前景。在企业的帝国中，企业家就是国王，每个企业都会带有特定企业家的特色和个性。

从上面两点综合分析，在讨论企业家的社会责任时，一定不能脱离企业这一实体。因此，在掌握了我国企业承担社会责任的概况后，在继续深入我们的探讨和研究之前，我们必须明确企业和企业家之间的相互联系，并且了解企业社会责任的具体定义。

参考文献

［1］赵琼．关于企业社会责任的对话［J］．经济日报，2004 年 2 月 14 日．

［2］潘岳．呼唤中国企业的绿色责任［J］．科技日报（经济特刊），2005 年 6 月 19 日．

［3］王关义．社会主义企业要讲求"社会良心"［J］．企业家，1995 (6)．

［4］李燕凌，李立清．企业社会责任研究［M］．人民出版社，2005 年 8 月．

第二章　企业家社会责任的产生和发展

第一节　西方企业家社会责任的产生和发展

企业家社会责任的概念是从西方引入的，下面我们将大致介绍一下西方企业家社会责任的发展。

一、西方企业家社会责任的起源

企业家的社会责任最早起源于经济学的开山鼻祖——亚当·斯密，那是资本主义萌芽阶段社会对于企业家最基本的要求，即守法经营。在此基础上，企业家完全以自身利益最大化为目标，并由此达到后来所谓的"帕累托最优"。因此，早期社会或政府为了促进经济的发展，对于企业家的态度是不鼓励参与过多的社会慈善活动，也即不鼓励企业家承担社会责任。在整个 19 世纪，人们对企业家的社会责任观是持消极态度的。在传统经济学理论、社会"达尔文主义"哲学思想等的指导下，许多人认为社会生活也是符合"达尔文主义"的，弱肉强食、适者生存也是社会生活中的普遍规律，驱使企业的经营者把实现利润最大化作为其唯一的生存和发展的目的。因此，早期企业家与其利益相关者之间是一种赤裸裸的市场竞争关系，毫无责任可言。

二、工业革命以前对企业家社会责任的关注

工业革命以前，社会以农业生产为主，货物生产大多以行会制和家族制的基本形式进行，人们对企业家社会责任所持的态度与封建统治和宗教密不可分。

在古典时期，商人的社会和法律地位十分卑微，其角色被定位于为社区提供服务，强大的社区精神和压力迫使商人开展社会公益性活动。在封建主义和教会势力异常强大的中世纪，基督教精神反对谋取利益、反对利润动机，商人存在的目的就是要服务于公共利益。

在封建主义末期的重商主义时期，新贸易线路和新产品开辟了国际市场，贸易扩大，商业贸易中的责任和伦理问题开始受到关注。约翰尼斯·尼德尔发展了神学家托马斯·阿奎那提出的"公道价格"概念，并制定了某些贸易规则，这些道德规范准则包含有古朴的企业家社会责任思想，即对消费者的产品质量、价格、信息责任的认同，对市场竞争者的责任和作为供应商的责任的探索。

三、工业革命早期对企业家社会责任的关注

工业革命后，人们对企业家社会责任的关注开始集中在劳工生活、工作条件的改善上。工业革命初期，社会生产开始从农业生产为主转向工业生产为主，工人很缺乏，一些企业主为招聘、培训、激励和留住工人，开始试着承担一部分以前不为企业家所负担的责任，如提供较好的生活条件，改善工作环境，建立工厂精神风气，甚至有雇主利用传统节日组织郊游和野餐，以增进人们对企业的忠诚，消除工作单调性以及加强个人之间的关系。

当时主流经济、社会思想也不支持企业家承担除经济责任外的其

他责任。随着资本主义市场经济制度逐步建立起来，企业家在社会经济生活中逐渐占据主导地位。这一时期经济意义上的财富增长被看得高于一切，以亚当·斯密为代表的古典经济学家认为，企业家的社会责任就是尽可能高效率地使用资源以生产社会需要的产品和服务，并以消费者愿意支付的价格销售。19世纪"社会达尔文主义"思潮也比较盛行，他们认为弱肉强食、适者生存也是社会生活的普遍规律，企业捐助弱者与自然进化过程相违背。

从总体上说，18、19世纪在法律和思想观念影响下，人们对企业家社会责任持消极态度。企业家也认为自己与利益相关者之间是赤裸裸的市场竞争关系，并对那些与企业密切相关的供应商、分销商、员工极尽盘剥，以求尽快变成社会竞争的强者。这段时期真正有责任心的是基于传统犹太教和基督教道德和合理的自我利益动机的企业家，他们会积极参与慈善活动。

四、企业家社会责任理论的形成

19世纪末和20世纪初，由于工业大力发展，给社会带来了许多外部效应，工业对环境的污染日益引起社会各界的关注，种族主义、战争、暴力犯罪等社会病症加重。早期企业家的以慈善为怀，仍不足以遏止当时工业社会里贫富悬殊所招致的不满。批评家们开始指责"社会达尔文主义"的残酷和冷漠，并意识到企业家必须对那些与其有关联的群体负起责任。

法律变革也为企业家社会责任概念提出和理论形成提供了依据，人们对企业家社会责任的认识获得了实质性的改变并找到了法律支撑。1886年，美国宪法承认公司为"法人"并受到宪法保护；1887年最高法院决定公司享有所有公民权和相应的法律保护。公司获得了宪法所规定的财产权，以及可以在联邦法庭诉讼的法律地位。从此公司逐渐由法律虚构的"人"转变为一个具有意识形态意义的"公司人"，它所有的行为都具有了一定的社会性意义和社会影响。同时企业太大的经济权力，以及其反社会、反竞争的一系列活动使反垄断法、银行管制法和顾客保护法都纷纷出台以限制企业权利滥用。美国从 1919 年的德克萨斯州企业法起，大部分的州企业法都对企业社会责任问题有所规定，尽管当时的着眼点主要是落脚在企业家的捐献行为上。

1899 年美国钢铁集团公司创始人安德鲁·卡内基在《财富福音》一书中首先提出了"企业家社会责任"的观点并指出两个原则，即慈善原则和管家原则。但卡内基提出的"企业家社会责任"的概念在当时没有引起多少学者和实业界人士的注意，这与当时工业化后期社会的主流还有以企业利润最大化有关。这一时期也有学者开始了有关"企业家社会责任"的探索。1905 年，美国学者约翰·戴维斯在《公司》一书中指出，公司由社会创造，理应回报社会。这是学者对企业家社会责任的最初最早的看法。

从 20 世纪 20 年代开始，美国公司的所有权与经营权开始分离，企业经营绩效提高，现代意义的企业家社会责任观念开始形成一种潮流和新的企业观。这一时期出现了三种支持扩大企业家社会责任的观点，即"受托人观"、"利益平衡观"和"服务观"，对企业家社会责任获得广泛认可起了很大作用。美国企业管理学者 T. Veblen 与其后的程序学派提出"企业家社会责任"的理论主张，开始引起学者们的重视。1924 年美国学者谢尔顿在《管理哲学》一书中主张公司经营对社区的服务有利于增进社区利益，是对"企业家社会责任"内涵的扩展。始于 30 年代，美国学者贝利与多德的著名论述也促成了理论界有关公司对利益关系者负责的观念的提出和讨论。

这些观点的迅速传播促进了一些企业领导人在实践中开始实施完全不同于以往的社会责任活动。[①] 1920 年福特创始人亨利．福特就说过一句非常精辟的话："经营的企业要赚钱，如果不赚钱就会死掉；但是

---

① 常凯．经济全球化与企业社会责任运动［J］．工会理论与实践，2003.

只关心赚钱，而对社会规律不闻不问，这个企业也会死掉。"自 1924 年 Sears Roebuck 公司领导人罗伯特.伍德就开始全面关注利益相关者的利益要求，并为公司制定出了一套方法，详细说明公司应如何向其主要支持者——顾客、公众、雇员、供应商以及股东履行责任。1929 年通用电器公司一位经理在一次演说中指出，不仅股东，而且雇员、顾客和广大公众在公司中都有一种利益，公司经理有义务保护这种利益。在资本主义经济"大萧条"压力下，西方企业普遍不再对履行社会责任抱冷漠态度，而是越来越积极，开始主动捐款，资助社区活动和红十字会事业，帮助当地政府完善义务教育和公共健康制度。德国政府甚至在 1937 年《股份法》中要求董事有责任根据企业和职工福利和国民共同利益的要求运营企业。

之后，随着企业的影响越来越大，社会对于企业家有了进一步新的认识，要求企业家承担社会责任的呼声也越来越高。到了 20 世纪 50 年代，美国企业家的社会责任已经大幅度扩大，包括雇员福利（抚恤金和保险计划）、安全、医疗保健和退休方案等，得到进一步完善。从 20 世纪 50 年代至今这一段时期，企业家社会责任的概念得到了广为认同，其内涵也在不断地扩大。在这一时期中，企业家社会责任由对社会和道德的一般关注转向对一些特殊问题的重视，比如，产品安全、广告中的诚信、雇员权利、赞助性行为、环境保护和伦理行为。而现在，人们不仅仅关注问题导向的企业家社会责任，而且关注社会回应和社会表现的企业家责任。

五、现状

近几年来，企业家社会责任这一思想广为流行，其影响范围不断扩大。具体表现在两个方面：一是越来越多的企业和行业卷入其中；二是更多的国家制定政策开始应对。就西方目前的情况而言，据 2000 年 9 月 MoRI 对 12 个欧洲国家的 12000 名消费者的民意测验显示：70%

的欧洲消费者购买产品或服务时看中的主要是企业家对社会责任、义务的承担和履行情况。由于经济环境和社会环境的变化，西方的消费者对于生活质量更加关注，他们越来越关心他们所购买的商品的制作是否符合基本的人权标准和环保标准。为迎合消费者的心态，西方企业家也在经营理念上发生了巨大的变化。这种变化不仅是企业家自身以"经济人"的身份到"社会人"的身份，再到"企业公民"的身份理念的转变。而且在企业经营理念上，西方企业家不得不承认企业与环境、与社会的关系是相互协调、相互促进的。企业家承担社会责任有利于企业创造更广阔的生存环境，有利于企业的可持续发展。同时，企业家还认识到承担社会责任不仅能够使生产的产品、提供的服务拥有较高的知名度，而且，还为企业树立了良好的品牌形象和社会形象，受到更多顾客的青睐。消费者对于政府的影响也是十分重大的，普遍而言，大多数国家政府制定了各种各样的环境、质量指标来限制和引导企业的发展，这从客观上也鼓励了企业家主动去承担更加重大、具体的社会责任。例如，英国于2000年3月专门任命了本国的企业家社会责任部长；美国参议院设计了一个新的会计规则委员会，专门对那些不履行其责任的企业家进行严厉的制裁；加拿大政府在2002年的一项报名中提出了25个推动全球和国内企业家承担企业责任的特别政策建议。不难看出，由企业家承担起更加广泛和重大的社会责任是一个全球化的趋势。

第二节　中国企业家社会责任的产生和发展

中国企业家社会责任的产生和发展是与中国的改革开放相联系的。在经济改革方面，由社会主义的计划经济向社会主义市场经济发展，形成了国有企业、民营企业、外资企业以及股份制企业等多种所有制并存的经济格局。这些企业的经营者也是在中国履行社会责任的主体。在对外开放方面，通过对最近一次经济全球化过程的参与，中国经济日益融入世界经济的潮流中。最近一次的经济全球化，世界财富得到巨大增长，但也产生巨大的不平衡：贫富差距加大、生态平衡问题日益严重、信息鸿沟等。这也是企业家的社会责任在最近 20 年得到日益关注的经济发展背景。中国经济取得举世瞩目的成就的同时，这些问题也有不同程度的相似反映。

我们将改革开放以来中国企业家社会责任的发展大致分为以下三个阶段。分别从政策法律环境、学术研究、企业家社会责任实践和中国企业社会运动等方面，对改革开放以来中国企业家社会责任发展做一阶段性分析。

一、中国企业家社会责任的产生阶段

1. 法律政策环境

这一阶段起点定在改革开放后的 1984 年，其重要标志是党的十三届三中全会形成《中共中央关于经济体制改革的决定》。其核心开始全面改革原有的计划经济体制，走向有计划的社会主义商品经济，改革的一个焦点是政企分开，使企业变成独立的商品生产者和经营者。只有企业成了独立的法人组织，才能谈到现代意义的企业社会责任。虽然，企业家的社会责任，在企业一成立之日起，就已经是企业活动的一项内容。在此之前，企业家只是政府的附庸，企业家履行的社会责任表现为企业家办社会。

同时在这一阶段，基本形成了企业家履行社会责任的法律环境。首先是 1994 年公司法的颁布，从根本上确立了企业家的法人地位，奠定了履行社会责任的法律主体。同时，与之相适应的环境保护法、工会法、劳动法、消费者权益保护法、捐赠法规定企业家的基本法律责任，形成了企业家履行社会责任的法律基础和底线。

2. 学术研究

根据文献检索，第一篇以企业社会责任为题的文章是《企业社会责任——访南化公司催化剂厂》，发表在 1985 年第三期的《瞭望》杂志上。第一本以企业社会责任为主要内容的专著是 1990 年由袁家方主编的《企业社会责任》，该书对企业社会责任的定义是"企业在争取自身的生存与发展的同时，面对社会需要和各种社会问题，为维护国家、社会和人类的根本利益，必须承担的"义务"，主要从纳税、自然资源、能源、环保、消费者等几个方面分析企业的社会责任。虽然书中主要是从法律的义务角度来探讨企业的社会责任，但是基本涵盖了我们目前探讨企业家社会责任的主要内容。该书堪称我国企业家社会责任理论的奠基之作。

中国企业家社会责任运动和企业家履行社会责任在这一阶段，企业家的法人地位和企业家的法律环境处于一个形成过程之中，企业家主要是履行以法律责任为基础的经济责任。同时部分企业家开始承担了扶贫和捐赠的社会责任。其标志包括 1989 年启动的希望工程和于 1994 年分别成立的中国光彩事业促进会和中国慈善总会。希望工程是一项社会公益事业，其宗旨是根据政府关于多渠道筹集教育经费的方针，以民间的方式广泛动员海内外财力资源，建立希望工程基金，促进贫困地区基础教育事业的发展。中国光彩事业主要是由民营企业家联名倡议发起的一项开发式扶贫的社会事业。它以"自觉自愿，量力而行，互惠互利，义利兼顾"为原则，面向"老、少、边、穷"地区和中西部地区，以项目投资为中心，开发资源、兴办企业、培训人才、发展贸易，并通过包括捐赠在内的多种方式促进贫困地区的经济发展和教育、卫生、文化等社会事业的进步。中华慈善总会是由热心慈善事业的公民、法人及其他社会组织志愿参加的全国性非营利公益社会团体，其宗旨是发扬人道主义精神，弘扬中华民族扶贫济困的传统美德，帮助社会上不幸的个人和困难群体，开展多种形式的社会救助工作。企业是其中的主要贡献者。希望工程、光彩事业和慈善活动可以说是中国企业社会责任运动的拓荒者。

二、以劳工为关注起点和中心的理念辩论阶段

1. 学术研究

在这个阶段，经济全球化发展迅猛，中国经济快速参与到经济全球化中，进出口总额从 2000 年 4742.9 亿美元，增加到 2005 年 14221.2 亿美元，中国对世界经济的影响越来越大，贡献也越来越大，甚至一度被誉为世界经济增长的与美国媲美的发动机。同时世界对中国的影响也越来越大，对中国的要求也越来越多。中国企业面临的全球竞争也越来越激烈。企业家社会责任问题就是通过跨国公司供应链，对中国企业家提出的竞争新要求。这里的起点就是对价廉物美的中国商品及劳工权利关注。

1999 年清华大学当代中国研究中心开展了中国第一个从理论到实践相结合的企业社会责任专题研究即"跨国公司社会责任运动研究"。其主要内容一是公司社会责任运动的运作模式和理论研究；二是关于生产守则对中国社会的影响。到 2004 年以劳工标准为核心内容的 SA8000 企业社会责任标准在中国媒体广泛传播，引起了各有关方的广泛参与和辩论，这一阶段的讨论以 2005 年 12 月中国企业管理研究会、中国社会科学院管理科学研究中心的"中国企业社会责任问题学术研讨会"的讨论达到一定的高度，这也是关于中国企业家社会责任问题第一个学术研讨会。

这一阶段，中国学术界就企业家社会责任问题进行了广泛和全面的讨论，主要讨论课题是：有无企业家社会责任问题；企业家社会责任内涵；企业家社会责任与企业绩效；企业家社会责任标准；企业家社会责任与公司治理的研究；中国企业家社会责任途径等。并就企业家社会责任问题的基本内涵和企业家不仅创造利润对股东负责，同时还要对其利益相关者负责达成较为广泛的认识。由此澄清了企业家社

会责任认识的一些误区，如"企业家办社会论""企业家捐赠论""出口企业论""SA8000 论""贸易壁垒论""企业负担论"等等。

2. 法律政策环境

事实上，这一阶段的充分讨论，除了实践中企业家社会责任标准对我国外向型经济的影响的需要外，国家发展战略及政策的有关转变提供了一个宽松的环境和契机。包括从 2002 年党的十六大以来提出的一系列关于坚持以人为本，树立全面、协调、可持续的科学发展观，促进经济、社会和人的全面发展，建设社会主义和谐社会的科学论断。而从本质上讲，企业家履行社会责任，既是企业家落实科学发展观的具体行动，也是企业家参与和谐社会建设的重要途径。由此，企业家社会责任也找到了本土化的依据。

2004 年 7 月 1 日施行的《中华人民共和国行政许可法》规范了各级政府的审批行为，健全了审批公示制度，完善了信息反馈机制，建立了行政审批责任追究制度等。进一步理顺了政府与企业家的法律关系，为企业家自觉履行社会责任创造更为宽松的法律环境。

3. 中国企业家社会责任运动

与学术界热烈辩论相对应的是蓬勃兴起的企业社会责任运动。在这一阶段，涌现了一批企业家社会责任组织。包括中国企业联合会全球契约推广办公室和可持续发展工商委员会，中国社会工作者协会企业公民委员会，广东省企业社会责任研究会等。在全国各地举办了各种各样的论坛和研讨和评奖等。中国纺织工业协会还推出了中国第一个关于行业企业社会责任建设的管理体系。

4. 企业家的社会责任实践

企业家也广泛地参与到企业社会责任运动。包括有 73 家中国组织（46 家企业）的经营者参加了联合国全球契约，承诺积极履行企业家社会责任。10 万家以上的出口企业的经营者适应有关企业家社会责任国际标准等的要求，加强了企业家社会责任的管理和建设。2005 年 9 月 7 日，在中欧企业社会责任北京国际论坛上，以海尔、长安、红豆等大型企业、国有企业、民营企业等为代表的 10 家中国企业的经营者，发出了履行社会责任的《北京宣言》，积极倡议企业家们履行社会责任，提高责任竞争力，贡献和谐社会建设。

三、中国企业家社会责任内在化发展新阶段①

1. 法律政策环境

2006 年堪称企业家社会责任发展的新纪年。有关法律、党的方针政策和政府领导人的讲话都进一步对企业家履行社会责任做出规定和给予了肯定。这也是第一次从法律、国家发展战略和方针的层面，国家领导人等各个方面同时加以肯定的事实。首先，在法律层面上，2006 年 1 月 1 日生效的《中华人民共和国公司法》修订案在其总则第五条中，明确规定"公司从事经营活动，必须遵守法律、行政法规，遵守社会公德、商业道德，诚实守信，接受政府和社会公众的监督，承担社会责任"。因而十分鲜明地提出企业家要承担社会责任，并提出遵守法规和社会公德的具体要求。第二，2006 年 10 月党的十六届六中全会，在审议通过的《中共中央关于构建社会主义和谐社会若干重大问题的决定》中，明确提出"广泛开展和谐创建活动，形成人人促进和谐的局面。着眼于增强公民、企业、各种组织的社会责任"，不但是对企业家履行社会责任提出了明确的要求，而且要求公民、各种组织都要增强社会责任。第三，2006 年 3 月，温家宝总理对国家电网公司发布 CSR 报告的批示指出："这件事办得好，企业家要对社会负责，并自觉接受社会监督"。总理的批示，一是充分肯定企业家要承担社会责任，对社会负责；二是要求企业家要主动承担社会责任；三是肯定了要按照与国际接轨的方式发布社会责任报告，自觉接受社会的监督。

---

① 殷格非，李伟阳，吴福顺. 中国企业社会责任发展的阶段分析［J］.WTO 经济导刊，2007.

至此，企业家是否要承担社会责任已从学术辩论，从国外的舶来品，通过法律政策走向了社会关注的前台。

2. 中国企业家社会责任运动

2006 年企业家社会责任运动具有两个重要的特点。第一，政府、立法等部门开始高调加入到了运动中来。从 2006 年 2 月的"中国企业社会责任国际论坛"，一直到 2006 年 11 月的 2006 "建设和谐社会与企业社会责任（深圳）论坛"，涉及企业社会责任的相关政府部门都高调出席，包括国家发改委、商务部、卫生部、劳动保障部、环保总局、安监总局、国资委、国家工商总局、国家民委等部门，都有副部级以上的高官从不同的角度来探讨和加强企业家的社会责任。第二，运动开始向纵深、系列化发展。从 2006 年 3 月在上海举办的企业家社会责任优秀案例国际展，首届公益创新奖、世界未来 500 强、中国企业家社会责任调查等，从企业家社会责任实践的案例和公司案例，开始切实促进企业家交流经验，提高企业家履行责任能力。第三，地方政府开始推进企业家社会责任。突出的是深圳市政府开始将企业家社会责任的理念融入其治市的战略和政策中。

在企业家社会责任研究方面，一方面进一步将企业家社会责任与中国的具体情况相结合，包括研究企业家社会责任与和谐社会、企业家社会责任与科学发展、企业家社会责任与国际竞争力等；另一方面在前一阶段基础上，企业家社会责任的专著也不断面市，2006 年每月都有关于企业家社会责任专著出版。

3. 企业家的社会责任实践

这一阶段，一个重要的事件就是国家电网公司的经营者向社会发布了第一份中国本土企业的企业社会责任报告。中国已有 73 家企业加入到了联合国所倡导的《全球契约》，但还没有一位企业家像国家电网公司的经营者这样公开发布企业家社会责任报告。应该说它填补了中国企业家履行社会责任的一个空白，为中国企业家履行企业社会责任，促进企业家和社会的可持续发展，树立了一个榜样。

这份央企第一份企业家社会责任报告，将会是中国企业家社会责任发展的一个重要里程碑。

首先，它用实际行动澄清了关于企业家社会责任的模糊认识。

由于企业家社会责任的概念在中国还是一个新兴事物。在认识上还存在许多误区。如"企业家办社会论""增加负担论""捐赠论"，还有"出口企业论"等等不一而足。国家电网公司作为拥有150多万职工的特大国有企业，旗帜鲜明地提出要全面履行社会责任，争当优秀企业公民，这份报告的出台就是对这些片面认识的最好回应和澄清。

第二，它用实际行动诠释了企业家社会责任的内涵。

国家电网公司从国家、员工、客户、环境和社会主义新农村等全方位地阐释了其对企业家社会责任的理解和所做的努力。正如国家电网公司在其企业家社会责任报告中所述，企业家在创造利润的同时，获得了良好的品牌形象和社会赞誉，实现了企业与社会的共同可持续发展，实现了企业家利益和社会发展的双赢。

第三，它是中国企业家履行社会责任与国际接轨的一个重要标志。社会责任竞争是新一轮国际竞争的重要标志。

企业家竞争由此将进入包括质量、环境和社会责任的全面责任竞争时代。发布企业家社会责任报告是先锋企业家积极参与社会责任竞争的一种主动行为方式，国家电网公司发布企业家社会责任报告，标志着在先进理念上也可与全球500强同台竞技。

2006年3月27日，中国外商投资企业协会投资性公司工作委员会发布《企业社会责任北京宣言》，承诺将致力于企业家社会责任，在规范企业自身发展的同时用实际行动响应共建和谐社会的号召。共有西门子、摩托罗拉、微软、IBM、大众汽车、通用电气等66家外企签署了此宣言。

至此，最先是民营企业发起的光彩扶贫活动，后来是出口企业加强企业家社会责任建设，进而，中国大型国有企业的企业家和外资企业的企业家都主动行动起来，主动承担社会责任，到2006年，改革开放20多年来形成的国有企业、民营企业和外资企业的企业经济格局中主要角色的代表都主动地加入到了履行社会责任的潮流中。中国企业家社会责任的发展进入一个崭新的发展阶段。中国企业家社会责任的发展将在科学发展观的指导下，以促进企业家和社会的可持续发展为目标，促进中国和谐社会的建设。

第三节　中西方对比研究

从前两节我们可以看出，我国企业家的社会责任产生不同于西方资本主义国家的企业家。

对比而言，西方国家的企业家大多在创始之初避免承担社会责任，甚至有些人认为慈善捐款是违反人类社会的"达尔文主义"，其代表人物斯宾塞（Herbert Spencer）就认为这类活动降低了人类的适应能力，与适者生存、优胜劣汰的天然法则背道而驰。

西方企业家真正开始普遍认识到应该承担社会责任也只是 20 世纪下半叶的事情，而导致这一变化的最重要原因就在于企业对于社会的影响实在是太大了，以至于到了无法回避的地步。由于这一重大的变化使得理论经济学界无法像以前一样单独地来对企业家进行讨论，因此，企业家在确立目标时就不能不考虑其对社会和环境的影响。

而我国由于是政府兴办的第一批企业，其性质从一开始就大大不同于西方的企业，特别是在 20 世纪初半封建半殖民地的中国，即使是民族资本家个人创办的企业也是在获取利润的同时努力为国家的振兴做些什么。一直到了改革开放，特别是 1992 年正式确立市场经济在我国的地位以后，公司制企业才广泛流行开来。而在短短十几年里，传统和现实一起要求我们的企业与企业家们不仅仅为自己赚取丰厚的利润，更要为整个社会、自然环境所着想。

因此，从这个角度上来讲，我国企业家的社会责任感是"先入为主"的，而西方企业家的社会责任感则是"自然而然"的。这点不同告诉我们，西方企业家承担社会责任更多的是一种"主动"意识，因为他们是在发展过程中逐渐了解到的，对于承担社会责任的原因也更为明了；而我国企业家承担社会责任却很大程度上是"被动"的，他们可能并看不清自己承担社会责任最根本的原因是什么，只是因为民众如此要求、社会舆论如此宣传而这么做的。因此，为了让我们的企业家了解到承担社会责任的根本所在，才能更好地普及这一思想，让更多的企业家为更广泛的人民更体贴的服务。

参考文献

Friedman, Milton, The Social Responsibility of Business is to Increase its Profits, The New York Times Magazine, September 13, 1970.

常凯：经济全球化与企业社会责任运动. 工会理论与实践，2003.

陈杰，从政治地位提升看我国民营企业家的社会使命，《中国民营经济周刊》，2006 - 8 - 10.

杜莹 牛习昌，企业家的社会地位和社会责任，《河北经贸大学学报》，2003 年第 6 期第 24 卷.

刘昭斌，公司制度的沿革与发展，《德州学院学报》，第 17 卷第 1 期，2001 年.

王倩，企业社会责任的形成与发展，《延安大学学报（社会科学版）》，第 28 卷第 5 期，2006 年.

张秋雷 周海欧，民营企业家政治地位提高的经济学分析，《福建论坛·人文社会科学版》，2005 年第 5 期.

中国企业社会责任发展的阶段分析，殷格非、李伟阳、吴福顺（2007）.

第三章　企业家所应承担的社会责任

第一节　社会责任的分级

在第一章的讨论中，我们就已经追溯了企业家社会责任的来源。事实上，这个过程也正是企业家社会责任逐步完善的过程，我们之后要讨论的各种社会责任也正是从历史的发展中找寻而来，把所得到的各种信息筛选、整合，与现实对照，最终呈现出一个比较系统性的结果。

一、从历史的角度

企业家社会责任的形成并非一帆风顺。在历史上，反对企业家履行社会责任的大有人在。但是随着企业的影响越来越大，企业家所拥有的影响力越来越大，如今社会已经达成了一个共识，那就是：企业家应当承担适当的社会责任。目前的争论只是在于企业家应当承担哪些社会责任。这里我们首先从历史长河中去找寻答案。

在西方工业社会的早期，正如我们之前已经介绍过的，是一个自由竞争的时代。亚当·斯密的教诲告诉人们，只要各自追求自己的最大利益，整个社会就会达到和谐的最优状态。但这只是一种空想，我们知道，在现实生活中，市场是无法及时地、完全发挥作用的，因此，企业家对于最大化利润的追求只会使得整个社会变得"疯狂"。正如马克思在《资本论》里所描述的："资本来到世间，从头到脚，每个毛孔都滴着血和肮脏的东西。"在资本自由竞争的时代，这种描述恐怕是真实的。为了获得超额剩余价值，资本家利用各种方法延长工人的劳动时间或者增加工人的劳动强度，从而提高劳动生产率以击败竞争对手、获得最大利益。当时的工人还没有组成所谓的"工会"，没有强大的谈判能力，因此资本家对于工人的剥削可以说是完全的、彻底的。与此同时，由于当时的企业规模较小，还没有形成现在普遍流行的"两权分离"，因此也无所谓对股东负责。因此，在整个19世纪，人们对于企业家承担社会责任是抱以不理解的态度，即使有部分热心的企业家进行捐款或补助穷人，也会被其他人认为是违反达尔文"适者生存"理论的不理智行为。这时，如果说企业家负有社会责任的话也是对自己负责。

但是，这种情况没有持续很久，"哪里有压迫，哪里就有反抗"。极端的剥削必然带来了一轮接一轮的工人罢工浪潮，随着工会的建立，工人的权力也逐渐增强，企业家已经不能只顾自己赚钱不问工人死活了。1886年5月1日美国工人为了争取8小时工作日制举行了全国范围的示威游行活动，导致美国的主要工业部门处于瘫痪状态，火车变成了僵蛇，商店更是鸦雀无声，所有的仓库也都关门并贴上封条。从此，国际劳动节诞生了，在接下来的几十年里，工人为了获得合理的权力继续与企业家进行不懈的斗争，而企业家也意识到了问题的重要性，各种福利措施也相继以法律文件的形式出现。到了20世纪50年代，尊重员工、保障员工的合法权益成了社会广泛认同的企业社会责任之一。

随着自由竞争时代的结束，大公司、大工厂相继出现，由此应运而生的股份制企业开始在历史的舞台上大显身手。庞大的机构要求有专业人员来进行管理，所有权和管理权也开始分离，由此形成的企业家对于股东的责任也相应纳入到了企业家社会责任的范畴中去。事实上，这种关系只是资本家追求利润最大化在股份公司形式下的变体。

另外值得一提的是对于消费者的负责。在自由竞争时代，企业家为了追求最大利润不仅仅极大的剥削工人，同时也拼命降低生产成本，特别是单位产品的生产成本，因为这样就能获得相对于其他企业产品的价格优势，而在商品经济初期，这是唯一的竞争优势。由于广大的消费者是工人阶层，收入很低，因此只要产品价格够低，获得市场份额就会越大，从而获得的利润也就越高。价格降下去了，质量也就很难保障了。时至今日，即使是在发达的资本主义国家也不可避免地存在产品质量问题，从而危害消费者的利益。而在市场经济运行不久的中国，此类问题更为严重：小到安徽婴儿奶粉事件，大到松花江水污染事件，每一次产品或服务质量问题都严重地危害着祖国人民的生命安全。各国关于产品质量的法律法规层出不穷，对于国外进口产品的质量检测也越来越严格，这一方面体现了国家、政府对于人民人身安全的关心，另一方面也直接对企业的产品和服务提出了更高的要求：对消费者负责。这说明对消费者负责也是社会要求企业理应承担的社会责任之一。商品经济发展至今，生产主导型市场已经转向为消费主导型市场，顾客就是企业的上帝，一切产品的设计、生产、改进和销售都是以消费者为核心，各个企业纷纷打出的诸如"以人为本"之类的广告语也正好说明了应和消费者对于企业来说变得多么重要。

随着历史的发展，我们找到了企业家三个最基本的社会责任：对股东负责、对员工负责以及对消费者负责。这是由企业的发展过程决定的，是企业家应该承担的最基础、最根本的社会责任。

二、从理论的角度

以上的介绍和分析已经让我们了解了历史决定了企业家必须要履

行以下这些社会责任：为股东谋求利益、保障员工权益以及对消费者负责，这些社会责任主要是在 19 世纪建立起来的。到了 20 世纪，企业家在这方面的社会责任已经做得非常到位了，同时这样做也极大地促进了企业的发展。我们知道 20 世纪最引人注目的一个现象就是跨国企业的蓬勃发展，其扩张速度之快、发展程度之高到了令人瞠目的地步。这样高速的发展固然促进这全球经济的腾飞，但同时也带来了各种各样的问题，包括全球性的环境污染问题和资源浪费问题。这些问题的出现必然是与企业的发展有关，有很多也是直接由企业的膨胀所导致的，但是企业家应该如何对这些负责却成了一个迟迟无法解决的问题。

　　现实情况千变万化，理论的发展也从来没有落后过。从福利经济学到新制度经济学，一大批经济学家致力于研究企业与社会、环境的关系，从而为我们关于企业家社会责任的分析和界定打下了坚实的基础。下面我们就将从理论层面分析企业家所面临的社会责任。

　　古典经济学强调市场的完美作用，但是客观的现实情况却使得古典经济学家们不得不承认所谓的"市场失灵（market failure）"。在经典理论中，市场失败包括以下几种：外部性（externality）、免费搭车（free ride）、公共品（public goods）已经垄断（monopoly）等等，而由企业所引起的各种社会、环境影响往往被认为是一种外部性的现象。外部性分为两种：正外部性和负外部性。其中正外部性是指对社会产生好的影响，而负外部性则是对社会产生坏的影响。比如说，你种了一盆花，给路过的行人带来了愉悦的美感，就叫作正外部性；而造纸厂排放污水污染了原本清洁的河水就叫作负外部性。可见，企业对社会、环境的恶性影响都应该属于负外部性。因此，对这些负外部性负责就成了企业家必须承担的责任。福利经济学是较早研究这一问题的经济学流派之一，其代表人物庇古认为只要对企业造成的负外部性征收相应的税收就能抵消这些不好的影响，由此就引出了当代企业家的又一个必要的社会责任：向政府交税。事实上，税收由来已久，起因当然也不是抵消负外部性，但是这同样是企业要承担税收的一大重要原因。事实上，许多污染严重的企业缴纳的税收确实比其他企业的更多一些。

这一解决方案看似完美，但是仍然存在一定问题：如何确定税收量。要准确衡量负外部性只能是一种"幻想"，这种只存在于方程和图形中的东西根本不可能从现实数据中准确得到。这就好像利用边际成本和边际收益决定价格，理论上很完美，实际操作却是不可能的。这个时候，一个年轻人提出了自己的看法，他认为，在交易成本（transaction cost）为零的情况下，外部性并不影响市场配置资源的效率，任何的一种产权（property）分配都对最终的结果没有影响，这就是后来产生重大影响的"新制度经济学"，而提出这一理论的年轻人就是当时不到30岁的科斯。他的交易费用理论主要讨论的是产权的分配，比如说一条河边住着居民，还有一个工厂，在没有交易费用的情况下，无论这条河流属于谁都会达到资源最优配置，下面且看我们的简单说明。如果这条河属于居民，毫无疑问，由于工厂要污染河流，就会自己出钱安装防污设施，或者与居民交涉，出钱购买河流的所有权，而居民则用这笔钱去安装防污设施；如果这条河属于工厂，居民就会自己购买防污设施或者向工厂购买河流所有权，然后由工厂安装防污设施。这两种方法都对污染河流进行了支付，且支付的量是双方经过协商得到，体现了双方各自的需求，反映了该条河流的价值，也就达到了社会最优的资源配置状态。从这一理论中，我们可以得出企业的另一个社会责任：对社区居民负责。也许双方没有直接经济上的联系，但是社会却要求企业对其周边甚至较远地区的居民负责，因为诸如环境污染之类的企业影响是全球性质的。

这种新的思路解决了福利经济学所遇到的难题，但也只是在理想的不存在交易费用的情况下才成立，如果存在交易费用情况就会变得相当复杂，从而难以解决。

企业家对社会、环境影响的另一个方面就是资源的过度利用。关于这方面的问题新制度经济学也进行了较为详细的研究，事实上，这一问题的实质就是"公共品"问题，只要清晰的界定了公共品的产权，这一问题就会迎刃而解，但是问题是同样的：当交易费用存在且数额巨大时，产权界定将变得尤为艰难。

通过上面简单的理论回顾，我们又发现了如下几个企业家必须要承担的社会责任：向政府负责、向社区居民负责以及保护环境。以上的理论介绍是相当肤浅的，更详细的解释和说明将在后面的章节中提到，这里就不再赘述了。

三、从现实的角度

上面两部分的讨论已经把企业家所应承担的大部分社会责任给揭示出来了，但是历史和理论毕竟与现实世界有一定距离，当前整个社会和民众对于企业家应当承担的社会责任又有了新的认识和理解，我们有必要把这部分新的发展纳入我们的研究范围里来，因为所谓社会家责任就是紧密联系社会和人民。为此，我们专门在全国大部分地区展开了有关企业家社会责任的调查，从中将得到我们所需要的信息和数据。

在我们上面一部分的讨论中曾经提到外部性问题，而企业在其扩张、发展过程中产生的负外部性要求他们承担起更多的社会责任。但事实上，随着社会的发展，人们对企业家的要求已经不仅仅是不产生负外部性。在下面的调查中，我们将发现人们对于企业家提出了更高的要求，那就是对社会要有一定的正外部性。可以说，这方面的要求是对企业家社会责任要求的一个升华，是目前对企业家履行社会责任的最高要求。

我们的调查分为两个部分，第一个部分是针对企业家进行的，第二个部分是针对其他普通人进行的。通过问卷的方式，我们得到了以下结果：

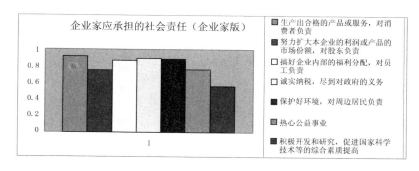

图表1　企业家应承担的社会责任（企业家版）

同时，对于普通人，我们得到的结果如下：

通过上述比较，我们就会发现，大体上企业家和普通人对于社会责任的看法是比较相近的，几个较大的不同点首先在于"对股东负责"和"对员工负责"。在企业家看来，他们应该更加注重公司效益的提高，从而使股东和员工的福利得到最大程度的满足，这是企业家看来较为看重的社会责任，分别占到了73.3%和85.3%；而在普通人眼里，这两项的重要程度就有所下降了，分别为61.5%和76.1%，均下降了10个百分点左右。这点的解释相对容易，因为股东和员工是与企业家联系最为紧密的两个群体，他们的利益大小密切关系着企业家自身，因此，企业家当然把这两项放在较为重要的位置。而普通人则没有这方面的经验，在他们看来，企业家还不如更加热心公益事业和研究开发工作，这也与我们之前的推断相似。社会版的调查告诉我们，有69.7%和64.2%的人认为企业家应该把"热心公益事业"和"积极研发"当作自己的社会责任。与之不同的是，企业家们则把"积极研发"的比重下降到了54.6%，对比其他几组数据，两者对于这一方面的要求差距是最大最显著的，这也是唯一群众支持比例高于企业家支持比例的一项。

因此，当社会对企业家应负责任的要求提高到"积极研发"之类的正外部性要求时，企业家似乎还不能普遍接受。从这个角度上来说，企业家对于社会不断提高的要求还有个慢慢适应的过程，但是当担子落到肩头时，他们还是不得不去挑起来，这是历史过程所证明过了的。

这样，我们就把当代企业家所应该承担的社会责任从历史、理论和现实的角度分别引出来了。其一，对股东负责、对员工负责和对消费者负责是最为基础的社会责任。作为企业家，他们必须予以满足，否则就会直接被赶下台；其二，对政府负责、对居民负责和对环境负责，在这个层面上，企业家被要求对他们的所作所为负责，否则就受到来自法律、媒体的惩罚；最后一个层次是指热心公益活动和积极研发，争做时代的先锋和代言人，这实际上是社会对于企业家过度权力的一种正常期望，即使是超出企业家自身范围的也是理所当然的。当然最后一个层次的社会责任并不是对企业家的硬性要求，即使没有达到也不会有直接的负面影响。

第二节　社会责任的具体分解

上一节的介绍让我们对社会责任有了清晰的层次化了解，下表对不同文化和市场下的社会责任按照成熟度进行了分级，随着不断学习，企业家会改变对社会责任的认识和理解，逐渐成熟走向稳定。

表 1

成熟性级别	潜在	显现	成熟	稳定
研究	初步意识；探索性研究；	显现详细研究框架；	详细研究；建立共识；	成为主流
证据	想法较弱；没有强有力的科学证据；	资料不够有力；没有结论；	强有力的证据开始显现；	证据得以接受；
利益相关者参与	意见领导产生兴趣；活动家和小区的兴趣；	非政府机构游说；媒体关注；政治意识；	多方合作（如全球报告倡议机构 GRI 和联合国全球契约 UNGC）；商务联系（如责任关怀 Responsible Care）	政治活动；司法活动；

成熟性级别	潜在	显现	成熟	稳定
利益相关者期望	受限	增长	一致	强有力
法规回应	没有法规；	非政府机构法规；	企业自我规定；双方或多方法规；	政府或政府间法规；
企业社会责任标准	没有定义；有限的社会讨论；	社会讨论；	建立共识；	得以完备定义；

资料来源：《AA1000 利益相关者参与标准》（试用本）

一、初级社会责任

初级社会责任是企业家必须承担的社会责任，从之前的分析中我们已经知道，初级社会责任包括：对股东负责、对员工负责以及对消费者负责。而对于企业家的现实操作，初级社会责任是企业家所应该承担的最基础的社会责任，进一步是中级社会责任，而高级社会责任则是一般企业难以达到的。这一节，我们将把每个社会责任进行展开解释，以使读者更加清楚地认识各级社会责任及他们之间的关联。

表 2　企业家的初级社会责任评价状况

企业家版	应该承担的	当前做得最好	当前做得最差
生产出合格的产品或服务，对消费者负责	0.906667	0.554054	0.260274
努力扩大本企业的利润或产品的市场份额，对股东负责	0.733333	0.797297	0.013699
搞好企业内部的福利分配，对员工负责	0.853333	0.378378	0.246575
社会版	应该承担的	目前做得最好	目前做得最差
生产出合格的产品或服务，对消费者负责	0.917431	0.429907	0.2
努力扩大本企业的利润或产品的市场份额，对股东负责	0.614679	0.757009	0.019048
搞好企业内部的福利分配，对员工负责	0.761468	0.280374	0.257143

在我们的调查中，无一例外，企业家和普通人都把对消费者负责放在第一位。这说明，市场经济的发展的确已经到了相当成熟的阶段，产品的极大丰富造成了消费者的强势地位，企业只有投消费者之所好才可能赚到大钱。具体而言，企业应该在提供产品和服务时，不偷工减料，始终坚持高标准，并且对于最新的情况变化予以足够的重视。我们应该可以注意到，近年来各种不同的产品问题屡屡出现，但是每次事件对市场的打击却是极其重大的，从这点上来说，这也是企业对于消费者高度重视的主要原因。从肯德基的苏丹红事件、雀巢奶粉的碘含量超标，到中国市场上第一"贵"水——依云矿泉水查出细菌超标，虽然厂家都是很快回收了产品，并且在事后进行解释和道歉，但是对于这些品牌的内在打击是极其严重的。不可否认，任何产品在大批量生产以后不可能没有一点问题，但是一旦出现这样或那样的问题，对于某些产品就是致命的打击了，几十年苦心经营的品牌可能就这样垮下去了。以依云矿泉水为例，在发生细菌超标事件后，虽然达能集团立即召回了所有问题产品，而且事后称菌原对人体并无危害，但是据新浪网调查，截至2007年8月14日零点，在由20898人次参加的调查中，有高达86.44%的网友不会再购买依云矿泉水了。由此可见，一旦企业忽视了消费者的各方面利益，损失会是多么惨重。在我们的第二项调查中，虽然分别有55.4%和42.9%的人认为企业在这方面的社会责任做得最好，但是远远不如人们预期中的效果，可见，企业在这方面仍然有很大的改善余地。

下面我们来看一下"对股东负责"这一项。从传统上来说，在公司制企业中，企业家作为股东的代理，其根本职责就是为股东创造更多的价值。如果企业家无法使公司运营良好从而获利，那么他将很难继续自己企业家的身份，甚至企业也会破产。

剩下的一项也是最为关键的一项，即"对员工负责"。这项与其说是企业家的责任，倒不如说是工人的切身利益，就这一点来说，两者属于矛盾的关系。虽然到目前为止，对员工负责已成为企业最为基本的一项职责，但是完成情况却不那么让人放心。分别有 24.6% 和 25.7% 的人认为企业没有尽到责任使得员工满意，同时也只有 37.8% 和 28% 的人认为企业这项做得不错，比例是所有三项基础责任中最低的。事实上，在当代中国，仍然存在着资本主义初期资本积累阶段才会发生的过度剥削工人和克扣工人工资情况。根据新华社在北京、浙江等地的调查，72.5% 的民工不能按时拿到工资，而全国打工者被拖欠的工资估计为 1000 亿元，占到 2005 年 GDP 的 0.54%，实属惊人。当温总理为民工兄弟们讨工资的时候，这不知是一件值得炫耀还是令人蒙羞的事情。因此，我国企业，特别是一些规模较小的私人企业，在这一点上做得还非常不够。

其实，按时支付员工工资只是最基本的"对员工负责"的表现，真正的"对员工负责"包括的范围更广，程度也更深一些。就像我们第一章中提到的娃哈哈，他们真正地将员工视作是一笔财富，而不是人格化的成本。不仅为员工提供全面的保险和福利服务，还利用企业的良好业绩，为员工创造继续发展的机会，使他们的素质得到提高，不断适应新时代知识爆炸所带来的冲击。让企业的员工感觉自己像在家里一样，这才是"对员工负责"最本质的表现。

二、中级社会责任

讨论完初级社会责任，我们自然要转移到中级社会责任的讨论。中级社会责任包括对政府负责、对社区负责和对环境负责。按照上一部分的讨论，我们也从调查问卷入手，利用取得的数据进行接下来的分析。

表3　企业家的中级社会责任评价状况

企业家版	应该承担的	当前做得最好	当前做得最差
诚实纳税，尽到对政府的义务	0.88	0.378378	0.232877
保护好环境，对周边居民负责	0.866667	0.148649	0.726027

续表

社会版	应该承担的	当前做得最好	当前做得最差
诚实纳税，尽到对政府的义务	0.853211	0.242991	0.438095
保护好环境，对周边居民负责	0.844037	0.102804	0.761905

从上表中，我们容易知道无论是企业家还是社会大众，都把诚实纳税和保护环境看作是企业家应该承担的社会责任，但是执行方面做得却非常不令人满意。有23.3%的企业家和43.8%的普通人把诚实纳税看作是当前企业家履行得最差的社会责任之一，看来在我国还是有相当一部分企业家不能做到诚实纳税。我们时不时都能听说某个企业家因偷税漏税被判重刑，这一现象在我国已经非常普遍了。而在中国名列"十大暴利行业"之首的房地产企业，却在纳税榜上名列末座，仅北京一地，从2003年至2005年上半年，北京地税局调查的房地产企业逃税率就高达66%，查处的涉案金额在1000万元以上的房地产企业就多达24家。而事实上，逃税的问题并不仅限于中国企业。由国家统计局"利用外资与外商投资企业研究"课题组完成的一份关于外资的研究报告表明，在所调查的亏损外商投资企业中，约2/3为非正常亏损，这些企业通过转让定价避税给国家造成的税款损失达300亿元。外企偷逃税的现象在国内日复一日地发生着，年复一年地蔓延着，连大名鼎鼎的微软（中国）有限公司都曾偷税，被税务机关追缴应交个人所得税5100万元。国外的守法商户到了中国却公然"合法避税"，这是值得深思的，这恰恰说明我国的税收体制存在着严重的缺陷。的确，税收对于一个企业来说是一种纯损失，一旦可以避免立即能为企业创造巨大的收益。但是这种收益是建立在极大风险之上的，一旦被查出可能整个企业就这样被毁了。此外，诚信纳税对于维护企业社会形象也是非常重要的。深入的分析将在后面章节详细展开，这里我们仅仅把问题提出。

第二项，中级社会责任面临的问题似乎越发严重，事实上，在所有被调查的七项社会责任中，"保护环境"是被最多的人列为做得最差的社会责任之一，包括企业家和普通人，而且比例分别高达 72.6% 和 76.2%，比第二位均高出 10 多个百分点，可见这是一个多么严重的问题。当代在中国成长起来的企业已经把污染环境当作是家常便饭，因此环境的肆意破坏已经是一种集体现象，而非个别现象。在中国最为明显的环境污染就是水污染，长江流域、黄河流域、淮河流域、松花江流域以及珠江流域，到处都充满了污染的味道。经济最为发达的苏南浙北地区，其主要水源——太湖的污染已经屡次给周围的人们敲响了警钟。但是屡污染屡治，屡治屡污染，似乎掉进了一个永远无法跳出的死循环。这就告诉我们，治理环境污染已经不是单纯的技术问题，更多的还是一个体制问题。

除了水污染，另一个非常严重的污染问题就是空气污染。据悉，全国 1/3 的城市人口呼吸着严重污染的空气，有 1/3 的国土被酸雨侵蚀。经济发达的浙江省，酸雨覆盖率已达到 100%。酸雨发生的频率，上海达 11%，江苏大概为 12%。华中地区以及部分南方城市，如宜宾、怀化、绍兴、遵义、宁波、温州等，酸雨频率超过了 90%。在中国，基本消除酸雨污染所允许的最大二氧化硫排放量为 1200 万～1400 万吨。而 2003 年，全国二氧化硫排放量就达到 2158.7 万吨，比 2002 年增长 12%，其中工业排放量增加了 14.7%。而在北方，沙尘对空气的污染最为严重，每年春天席卷华北地区大部的世界罕见的"沙尘暴"不知让多少人吃尽了苦头。

以上两类污染只是我国众多环境污染中比较明显的两类，包括土地污染、温室效应等隐性污染的危害更大，后果更严重，而企业则要对这些污染承担起绝大部分的责任。可以说，我国企业家最缺乏的素质就是承担中级社会责任，调查结果也显示有 81.1% 和 72.1% 的企业家和普通人认为"保护环境"是企业家当前最应该承担的社会责任。我国目前正处在市场经济高速发展时期，由于市场的发展刚刚起步，完善管理的速度远远无法赶上经济的发展速度，因此，我国企业家社会责任感的短暂缺失也是可以理解的现象。但是这并不意味着我们的企业家们可以以此作为借口，他们应该意识到自己身上的担子更重了，要在更短的时间里把缺失弥补，否则将注定被时代所淘汰。

三、高级社会责任

最后，我们来讨论一下高级社会责任的承担问题。当前我国社会普遍认为企业家应当承担的高级社会责任就是"热心公益事业"以及"积极研发"。而在一般人看来，企业家的社会责任似乎只包括"热心公益事业"，这一方面可能因为企业家热心公益事业较为明显，容易被人们所观察、注意到，另外有可能是因为我们经常通过各种途径了解到国外企业家进行慈善捐款的消息和新闻，从而形成了对我们自己企业家的一种心理预期。

表4　企业家的高级社会责任评价状况

企业家版	应该承担的	当前做得最好	当前做得最差
热心公益事业	0.746667	0.148649	0.80629
积极开发和研究	0.546667	0.189189	0.639784
社会版	应该承担的	当前做得最好	当前做得最差
热心公益事业	0.697248	0.093458	0.590476
积极开发和研究	0.642202	0.149533	0.228571

从我们之前的分析已经知道，这一项反而是企业家灵活度最高的一个层次的社会责任。企业家能否把这两项责任切实落实到实际中完全靠他自己，社会没有任何力量可以约束他。但在现实中，由于这种社会责任的承担最简明，众多的企业家都采用这种方式来履行他们的社会责任。从慈善捐款来看，我国有些企业家的捐款比例甚至超过了著名的慈善家比尔·盖茨，事实上他们几乎捐出了自己全部的财产，这也许与我国道家"出世"的思想有关。

在这一层次的社会责任中，值得一提的是"积极研发"这一项。

由于我国的经济发展依然处于低层次水平，科技创新在全球的竞争力也不是很强，所以做好这一项似乎又更加具有了一种民族主义的色彩。63.98%的企业家认为自己在积极研究与开发方面做得最为差劲，这应该是一件好事，起码他们认识到自己的不足，有了能够奋斗的目标。"联想"能够收购 IBM 个人电脑部并且把总部搬到美国，体现了他们赶超世界科技先进水平、为中国企业争一口气的雄心壮志，的确是一件振奋人心的事情。

以上两项社会责任似乎都得到了企业家的充分重视，但是在社会看来确有点本末倒置。在我国当前的社会形势下，"热心公益事业"和"积极研发"仅仅是某些企业在履行了前面两个层次的社会责任的前提下，如果尚有余力那么才会承担的责任，绝不应该成为大多数企业争相追逐、甚至攀比的项目。有些企业家认为只要自己多捐钱了，社会对自己企业的看法就会提升很多，其他的社会责任则可以马虎对待、敷衍了事。但实际上，我们的人民大众是何等的聪明，他们知道社会需要什么、国家需要什么、自己需要什么。调查显示，相对于中级社会责任，只有相对较少的被调查者认为这两项社会责任是企业家做得最差的。这说明我们的消费者是理性的，他们可以清楚地看明白事情的表象及本质。高级社会责任的承担在目前为止仅仅是"锦上添花"性质的，而如果我们一味地强调这点的话，就会产生非常严重的后果。许多外企在做表面功夫上可谓经验老到，以沃尔玛为例，他们宁可向清华大学捐赠100万美元成立中国零售研究中心，也不愿意拿1/10的钱来建立工会保障工人的权益。而肯德基、麦当劳和必胜客这些连锁店的员工得到的待遇更为糟糕，甚至连许多城市的最低保障工资都没有达到。而他们的食品中也经常出现诸如食用油使用、添加剂等种种问题，虽然表面上很热衷于社会公益，但更基础的社会责任却没有履行到，这不能不说是我国人民的一个悲哀。好在随着市场、法律、舆论媒体的不断完善，各个层次的企业社会责任都能得到有效的披露和展示，这将有助于企业把重心重新转移到我们现阶段缺乏的中级社会责任的承担上来，从而为社会、为国家、也为自己创造出更多的财富。

参考文献

陈迅　韩亚琴，企业社会责任分级模型及其应用，《中国工业经济》，2005年9月第9期，99～105．

Howard，P. B. Social Responsibilities of the Businessman，New York：Harper，1953．

AccountAbility，《AA1000 利益相关者参与标准》（试用本）．

夏恩君，关于企业社会责任的经济学分析，北京理工大学学报（社会科学版），2001 年 2 月．

李时敏，李建军，论企业的社会责任，东北财经大学学报，2003 年 3 月．

第四章　国外企业家承担社会责任的概况

企业家社会责任的兴起是经济全球化深入发展的产物，它代表各国政府、企业和其他所有机构在全球化中实现经济社会协调发展普遍认同的价值观、通行语言和行为准则。为推动企业家社会责任在全球的普及，联合国前秘书长安南于 1999 年在瑞士达沃斯世界经济论坛峰会上提出了号召全世界企业共同遵守的"全球契约"，现在已有来自 100 多个国家的 3000 家企业、500 家社会机构和 20 多家投资机构加入了"全球契约"。本章将关注国外企业家承担社会责任的实践活动。

第一节　供应链方面的实践

2007 年 1 月 15 日，英国某大型零售集团百货的经营者向外公布其 A 计划，一个包含 100 项承诺的五年计划，其中包括气候变化、减少废弃物、保护自然资源、道德贸易和崇尚更健康的生活方式五大部分。2008 年 1 月 15 日，该零售集团向外公布了 A 计划的进展，在供应链方面，该零售集团在 2007 年向全球 12，000 家供应商进行了经验分享互动，以尝试在供应商当中分享良好的实践或新的做法，达到提升供应商的能力以满足公司在供应链上推行社会和环境标准的要求。该零售集团认为，仅仅通过制定标准并要求供应商符合这些标准否则将被剔除作为供应商资格的做法只会严重破坏当地社区的经济和社会关系，因此，如果供应商在没有达到该零售集团的供应商标准之前需要投入改善资金，该零售集团将帮助供应商获取资金赞助改善目前的问题，这些资金来源包括公共部门和慈善机构。该零售集团富有创新的举措在于帮助那些没有达到要求新兴国家的供应商能继续留在供应链上，以改善当地的经济发展水平。A 计划的目的不仅能大大提高公司的可持续发展能力和改善为消费者提高产品的质量，而且也能增强该零售集团的竞争力，譬如增强员工的归属感和客户的忠诚度。

2007 年 6 月，某知名运动鞋公司的经营者发布其 2005～2006 财政年度企业社会责任报告，承诺将实施一个旨在 2011 年以前消除供应链中工人超时加班的"宏伟计划"。该承诺被视为该年度报告最具震撼的焦点。至此，倍受公众关注的该运动鞋品牌在供应链劳工问题上领先提出了富有创新的方案。根据该公司负责社会责任高级主管 Charlie Brown 的观点，"单纯的监督取得成效似乎不大。然而，将监督与其他旨在重点解决导致恶劣工作环境根本原因的干预手段结合起来，譬如提高供应商更合理安排生产计划的能力及提高他们生产的质量及效率，工作条件将有很大的改观"，并相信"将精益生产的理念整合到人力资源管理当中可以确保工作条件可持续的改善"。该公司企业社会责任报告的作者们呼吁建立一个更加系统的解决方案（包括审核但超越审核），其中结合了可以利用来自或政府或工会或劳工权益 NGO 的外部压力、全面而透明的监督体系以及致力于根除导致恶劣工作环境的根本原因为目标的"管理系统"。

2007 年 8 月 15 日，国外某著名零售 B 公司的经营者发布企业社会责任年度报告，超越监察和能力建设是报告的一大亮点。报告提到，"道德采购政策正向超越监察的方向迈进"，与此同时，道德采购政策也面临了导致违规的日益复杂的根源问题以及如何在全球范围内改善工人的工作条件的挑战。B 公司看到了工厂工作条件的改善也见证了道德标准所产生的成功个案。

品牌商和零售商在 2007 年新的尝试证明了大多数工厂监督程序缺乏效力以及通过第三方审核机构进行的工厂审核存有种种弊端和缺乏可信度，是时候探求审核以外的方案解决长期存在于全球供应链中的劳工问题。2007 年 7 月，美国商业社会责任组织在日内瓦举行的联合国全球契约会议上提出了"超越监察解决供应链可持续发展"的新主张，认为要确保供应链的可持续发展，必须提高供应商的意识，让他们主动承担社会责任；其次，政府部门要积极参与，通过公共政策确保企业履行社会责任；第三，赋予工人说话的权利，提高工人的参与意识，确保内部沟通顺畅；第四，买家内部要一致。

新一代供应链的解决方案除了关注能力建设外，还注重品牌间和组织间的合作，通过统一标准避免重复审核，减少供应商的改善成本。为此，B 公司在 2007 年 4 月宣布接受 ICTI（玩具行业）认证，表示通过 ICTI 认证的工厂可以豁免 B 公司内部的道德标准（ES）审核。随后，国外多家知名零售商和品牌商纷纷表示接受 ICTI 认证。2007 年 12 月，某知名运动 C 品牌公开其全球供应商的信息，这是继前面所述的企业之后的又一家运动和服装品牌在供应链透明度方面所做的努力。C 公司此举不仅回应了劳工组织对供应链透明度问题紧追不舍的指责，通过公开供应商信息，让更多的利益相关方参与监督其供应链。公开供应商信息的做法被越来越多的品牌商采纳，而且"在确保供应链更加透明的同时却没有带来任何影响竞争优势的负面影响"。因此，有必要加大力度进行标准统一，增强利益相关方对标准的认知，并建立商业守则案例，跨行业或跨国界推广这些标准，并激励相关方积极参与。品牌商和零售商则应对遵守生产守则的做法进行奖励，否则没有激励机制的改变将是一个暂时的解决方案，而日益激化的商业竞争正危及这一暂时方案。

第二节　气候变化方面的努力

2007 年 9 月下旬，B 公司要求其供货商提供自己在提高能源使用效率方面的数据，并开始监测 25 到 30 家供货商的碳排放情况。这些公司为 B 公司提供 DVD、牙膏、肥皂、牛奶、啤酒、吸尘器和软饮料等七类产品。

2007 年 10 月 9 日，至少有 6 家全球最大企业宣布，它们正联合起来向自己的供货商施加压力，要其公布碳排放相关数据和旨在缓解气候变化影响的策略。此举将影响到从 T 恤衫、可可豆到剃须刀等众多产品的生产厂家。

2007 年 10 月，国外某著名电脑公司 D 公司在北京宣布成为世界主要 PC 商中首家在全球范围实施碳中和的公司，通过相应措施减少及消除排放气体的总量和影响。为了实现碳中和承诺，戴尔将实施积极的策略推行更多节能措施，尽可能购买可再生能源，抵消剩余有害物的影响。

2007 年 11 月 8 日，英国维京大西洋航空公司计划将"碳补偿"同香水、名酒等免税品一起在航班上向乘客出售；2007 年 12 月 5 日，全球第五大航空公司美国大陆航空宣布，与非营利机构可持续发展旅游国际组织（Sustainable Travel International）合作，推出碳补偿计划（carbon offsetting program）。这项自愿性的计划可以让美国大陆航空来自全球的客户了解到其选乘航线行程的碳排放量（carbon footprint），并可以通过可持续发展旅游国际组织所计算出的美国大陆航空航班所产生的碳排放量，向可持续发展旅游国际组织进行补偿捐献。

2008 年 1 月，一份对世界 40 家银行应对气候变化问题的调查报告出台，结果显示，越来越多的日本、美国和欧洲国家的银行开始回应气候变化带来的风险和机遇，如成立环境问题委员会、增加首席环境官员、减少内部温室气体排放、支持气候变化相关研究、投资清洁能源项目等。根据这份报告，银行已经开始回应气候变化的正面行为包括4个方面：发布了近100个关于气候变化和投资策略的研究报告；40家银行中的34家配合了非营利性组织——Carbon Disclosure Project上一次的年度气候公开调查；28家银行计算了它们的内部温室气体排放量，24家设定了内部减排目标；29家银行正在支持可替代能源项目等。并建议"把评估气候变化作为董事会成员和首席执行官投资的优先考虑因素之一；更大程度地公开减排策略和投资导致的碳排放量；解释自己是如何把碳成本计算到贷款决策中的，尤其是那些能量密集型产业；设立更高的目标来缩减投资中的碳排放，并在实现这些目标的计划上对公众更加透明"。

英国财政部的尼古拉斯·斯特恩爵士曾在一份报告中首次详细分析了气候变化的经济学。报告说，应对气候变化的行动将带来可观的商业机会，低碳能源技术及其他低碳商品将形成新的市场，不仅创造数千亿美元的价值，还可相应扩大就业机会。他认为，气候变化和经济发展之间并不矛盾。理由是能源科技和经济结构的变化，将为我们创造既减少温室气体排放，又获得经济增长的机会。

第三节　能源问题的尝试

2007年1月，B公司在美国的分店采用太阳能系统，并把可再生能源作为B公司环保政策的中心。减少"碳足迹"和温室气体排放，也成为正式的公司政策。B公司三项具体的长期环保目标分别是：使用百分之百可再生能源、零污染和销售出自可持续利用资源的产品。并承诺在接下来的4年内，B公司将致力于开发可提升25%至30%能源效率的建筑原型，并减少30%的温室气体排放。

2007年3月，美国银行表示未来10年将在"绿色项目"上投入200亿美元。并承诺扩展现有温室气体减排目标；向芝加哥气候交易所、欧洲气候交易所和芝加哥气候期货交易所3家机构提供流动性支持；3年内购买芝加哥气候交易所发行的50万吨二氧化碳当量的温室气体排放权。

2007年4月，国外某饮料公司E公司宣布购买了11亿多度的可再生能源证书，成为"美国环保署绿色电力合作伙伴"项目至今最大的购买家。E公司认为，购买RECs证书能够支持美国剩余可再生能源的开发，同时也是解决由传统用电方式所引起的环境问题的一个途径。同月，Earth Color公司宣布将为其位于美国的所有工厂购买清洁而无污染的风能进行发电，并承诺将100%采用风能发电——这是印刷业内规模最大的一次购买可再生能源的行动。

2007年11月，某互联网搜索引擎组建可再生能源研发部，将首先关注先进的太阳能发电和风力发电技术、增强式地热开采系统以及其他潜在的突破性技术。谷歌的目标是建成一个拥有十亿瓦发电能力的可再生能源发电项目，成本将低于煤发电。

除了企业热衷于可再生能源外，资金市场对可再生能源的关注也达到了前所未有的程度。追踪主要业务为抗击全球变暖公司的KDL全球气候100指数（KDL Global Climate 100 Index），在过去12个月内上涨了25%。成立于2005年的Power Shares Wilder Hill清洁能源组合基金（Power Shares Wilder Hill Clean Energy Portfolio），追踪40只关于清洁能源产业的股票，上市以来的回报率为30%左右。这支颇受退休者欢迎的ETF（交易所交易基金）向投资者宣称：你在为环保事业做出贡献，而且回报可观。根据基金评级公司晨星的数据，过去两年专注于投资"绿色产业"的美国共同基金和ETF从12个增长到21个，6月底资产达到41亿美元。

瑞银集团财富管理研究人员Kurt Reiman认为，环境政策将彻底改变相关企业的盈利状况，"这远远超出社会责任的范畴"，并认为"环境保护是一个彻底性的变革。如果你不关注环境，你的生意将难以为继"。耶鲁大学环境法规政策研究中心主任丹尼尔·艾斯缇则认为，真正的经济利益往往在于可以长期带来收益的项目。

参考文献

Scott Bowman. The Modern Corporation and American Political Thought：Law，Power，and Ideology. The Pennsylvania State University Press，1996.

Bremner R. H. America Philanthropy. Chicago：University of Chicago Press，1987.

Saleem Sheikh. Corporate Social Responsibilities：Lawand Practice. Cavendish PublishingLimited，1996.

Clarkson M. 1995，A Stakeholder Framework for Analyzing and Evaluating Corporate Social Performance，AcademyofManagementReview20（1）：92 – 117.

常凯：经济全球化与企业社会责任运动. 工会理论与实践，2003，（4）：1 – 5.

罗殿军、李季. 发达国家对企业履行社会责任的影响因素分析——以美国和欧洲为例，上海经济研究·2007 年第 8 期：100 ~ 104.

第五章　我国企业家承担社会责任的困难

第一节　我国企业家承担社会责任的实践现状

中国企业家调查系统于 2007 年 4 月公布的调查结果表明，95.8%的被调查者对"优秀企业家一定具有强烈的社会责任感"表示认同。企业家必须具有鲜明时代特征的经营理念和企业行为，强化企业对经济、环境和社会发展应当负担的责任；企业的发展不仅要关注经济指标，而且要关注人文指标、资源指标和环境指标；增强社会责任感是社会发展对企业和企业家的要求，也是推动企业持续发展和成功的核心战略。2006 年 1 月起实施的新《公司法》第五条也规定，中国公司应当"履行社会责任"。本节将对我国企业家所承担社会责任的现状进行介绍。

一、我国企业家承担社会责任的背景

伴随着经济全球化的发展，企业社会责任逐渐成为全球范围内的一个共同话题，越来越多的企业开始把企业责任信息作为年报中的一部分对外发布。下表罗列了中国企业或与中国相关的企业社会责任报告。

表1

公司	行业	报告名称
惠普	电子	企业社会责任报告 2006
万科	房地产	企业公民报告 2007
劲牌	食品	社会责任报告 2002－2007
赛迪网	媒体	社会责任报告 2006
广厦	房地产	企业公民报告 2006
中钢	冶金	可持续发展报告 2005－2007
河北电力	电力	社会责任报告 2007
福建电力	电力	社会责任报告 2007
大唐	电力	社会责任报告 2006
深圳水星	公用设施	企业可持续发展报告书 2007
英博啤酒	食品	全球企业社会公民责任报告 2007
湖南有色集团	冶金	社会责任报告 2007
中国人寿	保险	社会责任报告 2007
阿里巴巴	网络	社会责任报告 2007
东昌集团	汽车	企业社会责任报告 2006－2007
壳牌中国	能源	可持续发展报告 2005
中石油	能源	健康安全与环境报告自 2006 年起发布 CSR 报告
中石油集团公司	能源	2006 年 CSR 报告
中海壳牌	能源	环境与社会管理计划季度监测报告
福特中国	汽车	社会责任报告 2003－2005
浙江移动	通讯	企业公民体系发展报告
平安保险	金融	企业公民报告 2004－2006
宝钢股份	冶金	环境报告 2003－2006
中海油	能源	年度公益报告 2005 可持续发展报告 2005
东芝中国	电子	社会责任报告 2005－2006
江西移动	通讯	企业社会责任报告 2006
国家电网	电力	社会责任报告 2005－2007
中铝公司	冶金	可持续发展报告 2005－2006
索尼中国	电子	社会责任报告 2006

续表

公司	行业	报告名称
美铝公司	冶金	可持续发展报告 2005
中远集团	物流	社会责任可持续发展报告 2005
中远集运	物流	社会责任可持续发展报告 2005
浦东银行	金融	社会责任报告 2006
沈阳自来水	公用设施	企业公民社会责任报告 2005
中国移动	通讯	企业责任报告 2006
辉瑞制药	制药	企业社会责任专刊 2006
海尔	电子	海尔环境报告书 2005
神龙汽车	汽车	可持续发展报告 2006
欧姆龙	电子	社会责任报告 2005
西子控股	机械	社会责任报告 2006
中化国际	化工	社会责任报告 2005 – 2006
建设银行	金融	社会责任报告 2006
中石化股份公司	能源	可持续发展报告 2006
中化集团	化工	社会责任报告 2006
华闻传媒	传媒	社会责任报告 2006
承德露露	饮料	社会责任报告 2006
云南铜业	冶金	社会责任报告 2006
安徽铜都铜业	冶金	社会责任报告 2006
福建闽东电力	电力	社会责任报告 2006
格力电器	电子	社会责任报告 2006
广西柳工机械股份	机械	社会责任报告 2006
桂林旅游	旅游	社会责任报告 2006
吉林电力	电力	社会责任报告 2006
浪潮信息	信息科技	社会责任报告 2006
泸州老窖	饮料	社会责任报告 2006
陕解放	零售	社会责任报告 2006
阳光发展	房地产	社会责任报告 2006
粤高速 A	物流	社会责任报告 2006

续表

公司	行业	报告名称
云南白药	医药	社会责任报告 2006
龙大食品集团	食品	社会责任报告 2006
伊利股份	食品	企业公民报告 2006
上海中凯	房地产	企业公民报告 2006
华能	电力	可持续发展报告 2006

在以外向型经济为主要特点的珠三角地区，曾以廉价丰富的劳动力、宽松的市场环境等有利条件，通过"国际代工"模式，迅速地发展了地方经济，却没能摆脱"血汗经济"的指责。现在我们强调企业社会责任的重要性，并在全国推动企业社会责任运动，一是我国已加入了 WTO，就应遵守国际市场惯例，遵守包括企业社会责任在内的国际规则；二是正确地引导国内企业在注重自身发展的同时，重视企业社会责任的承担，并从中寻找到新的竞争优势资源，实现企业发展和社会进步的"双赢"。

20 世纪 90 年代初期，企业社会责任开始影响我国，逐渐由沿海渗透到内地，由玩具、服装出口企业扩展到其他外贸加工行业，涉及面越来越广。以跨国公司为主导的"工厂守则"运动也在我国启动，包括麦当劳、锐步、耐克、迪斯尼、沃尔玛等在内的跨国公司相继对其中国供应商和分包商开始进行以劳工标准检查为主要内容的社会责任运动，一些公司还在中国子公司设立了相关的社会责任部门，并委托有关公证机构作为审核机构对我国的供应商和分包商的企业劳工标准执行状况进行监督审核。据专家估计，1995 年中国沿海地区已有超过8000 家生产企业接受过欧美跨国公司的社会责任审核，超过 5000 家企业会被随时接受检查。我国在全球产业链中仍然居于较低层次，主要依靠劳动密集型产品的加工生产来支持外贸出口，在新一轮国际产业结构转移的浪潮中，依然是众多发达国家和地区转移劳动密集型产业的重要目的国。而劳动密集型产业历来是劳工权益保护的薄弱环节，也就成为企业社会责任运动关注的重点。如果说在华外资企业在中国推行企业社会责任运动，部分的原因是来自国际交易规则变化的外部压力，那么更直接的推动力则来自企业内部的经济驱动。这是因为：其一，企业在社会责任上的投资，实际上是一种差异化战略，有助于企业在市场上获得更高评价的商誉，并在消费者群体中形成良好的"口碑"；其二，承担一定的企业社会责任，有助于改善在华外资企业与东道国民众、政府及其他经济组织之间的关系，为在华外资企业的可持续发展创造有利条件；其三，良好的工作环境和社会形象有助于在华外资企业吸引人才、提高企业生产效率，获得更高的企业经营绩效。

二、我国部分企业家对社会责任的认识误区

1. 社会责任是大企业的事情，不关中小企业的事。

把社会责任看作一种功利行为，没有从企业自身的发展来考虑这一问题。诚然，企业规模的不同决定了他们承担社会责任的能力不同。但是，我要说，做好社会责任关键是企业高层及其员工要有回报社会的理念，将企业的社会责任内在于企业的发展之中。

2. 做好社会责任，必须搞大公益活动。

实现社会责任的方式有多种。对于中小企业来说，向社会尽责任，首先要把自己企业经营好，然后根据自身情况去推动公益。企业承担社会责任并不只是捐赠，做好身边的一些"小事"，也是承担社会责任的一种方式。比如超市专门为老人、为残疾人提供购物便利，这也是公益。

3. 社会责任就是慈善事业的代名词。

公益活动不是一种施舍，而是要把它看作一种投资来管理。有投资必然要产生收益，公益投资的收益就是社会效益的最大化。有投资就需要管理，因此，公益活动需要经常化、制度化。宝洁公司在这方面就做

得比较好。他们有明确的定位和理念，一直坚持做希望小学这个项目。他们倡导公益也需要升级，从一开始的学校等硬件方面的捐建提升到师资培训、小学管理等软件方面的培养，将公益事业推向可持续发展。

三、我国企业家社会责任缺失的表现

1. 企业不与员工签订劳动合同、不缴纳社会保险、拖欠工资、劳动条件和环境恶劣等问题突出。这类问题导致劳动争议案件大幅度上升，群体性事件增多。

2. 企业忽视生产安全，员工的健康和生命得不到保障。2004 年我国产煤百万吨死亡率为 2.04，远高于世界平均水平。印度、南非、波兰均为 0.5 左右，美国和澳大利亚分别为 0.03、0.05。安全生产仅仅停留在加强政府监管这种单一思维模式上也是不能解决根本问题的。

3. 企业工资低于当地法定最低工资标准，甚至长期不发工资，企业欠薪成为严重的社会现象。据中华全国总工会的调查，广东省外资企业中半数以上工人的收入低于最低工资标准，有 1/4 以上的员工不能按时领取工资。据国家劳动和社会保障部有关部门调查，全国没有一个省市的最低工资达到国家要求，即当地月平均工资 40% ~ 60% 的标准。

4. 过长的劳动时间，大大超过《劳动法》的规定，且相当一部分企业不按法律规定支付加班工资。据中华全国总工会对广东省外资企业的一项调查显示：近一半的人被迫每天工作 8 小时以上，约 62% 的人一周工作 7 天。

5. 企业社会捐赠不积极，对慈善事业漠不关心。据国家发展和改革委员会有关部门调查，国内工商注册登记的企业超过 1000 万家，但有过捐赠纪录的不超过 10 万家，99% 的企业从来没有参与过捐赠。

第二节　我国企业家社会责任推行困境分析

一、社会责任推行困境与社会责任临界点

我国社会责任推行困境，是指以一些劳动密集型企业为代表的我国的部分企业，或出于攫取高额利润的动机，或由于承受不了一些较高的社会责任标准或生产守则之压力，但又受限于这些标准或守则的经济与道义因素约束的压力，导致其与不同利益主体之间形成多种不同甚至矛盾的利益诉求，在这些利益诉求的矛盾张力下，各种互相作用的逐利行为围绕着社会责任临界点发生错动、位移，最后在利益获取的现实可能中相互妥协进而达成背离正式制度约束的默契，使得社会责任的推行不能形成共同的着力点乃至断裂，作为应当的社会责任在具体的现实中无法得以有效的推行。另外，当一些发达国家出于政治目的和贸易壁垒的考量，不顾包括我国在内的发展中国家国情，试图以社会责任的名义强制推行仅符合其利益的某些内容时，必定会遭到强烈的抵制，从而使应当的社会责任因其不应当的推行方式和被人为囊括进来的内容而导致推行的困境。

任何社会责任的要求，都必须在社会责任临界点上才能得以推行。所谓社会责任的临界点，是企业在社会责任的压力和对利润最大化追求的矛盾辩证中，基于股东利益、非股东利益、相关者的利益、社会责任推行者的利益等利益综合体的利益要求相互作用，在政策法规和道义约束下仍能获得企业生存的最低参数。突破了这个临界点，企业就会消亡，社会责任也无从谈起。囿于生存压力，企业必须拥有一定的利润空间从而保障其生存发展，同时承担其社会责任。

　　任何企业都会面临社会责任临界点的问题，关键在于特定企业对社会责任临界点承受能力的高低差别。而我国的诸多企业，尤其是一些外向型企业在国际贸易链条中的末端窘境导致了其对临界点的低压力承受。考察中国的社会责任推行的历史轨迹，我国社会责任的推行，在很大程度上是发达国家的话语主导过程。这种主导权力的取得，主要的凭借力量为经济全球化的主要载体的跨国公司。从 20 世纪 80 年代开始，企业社会责任运动开始在欧美发达国家兴起，一些涉及环保和人权等非政府组织以及舆论也不断呼吁，要求社会责任与贸易挂钩。迫于上述日益增大的压力和自身的发展需求，很多欧美跨国公司都纷纷制定包括社会责任在内的责任守则，或通过认证（环境、职业健康、社会责任），以应对不同利益相关团体的需要。

　　在经济全球化及要求企业成为"出色的团体公民"的压力日益增强的情况下，跨国公司往往采取建立上下游企业社会责任可追溯体系、鉴定与供应商的责任契约或是设计供应商管理项目等方法，向外"输出"自身的社会责任体系、标准，它们在我国的下游企业或供应商也因此被限定在特定的社会责任标准中。

　　作为经济人的国外跨国公司，其目标追求当然也离不开试图以最小投入谋求最大产出的利益最大化。作为资源配置全球化的载体，跨国公司力图获得对各项资源的主导和控制，并通过自己的全球生产和贸易网络进行重新配置，从而实现利益的最大化并在国际贸易链条中居于强势地位。由于我国的一些企业处于价值链的底端，缺乏充足的资金与技术支撑，无力同采购商进行价格谈判，其地位在某种程度上如同"囚徒博弈"中的囚徒，体现出一种无奈的"末端窘境"。在国际贸易体系中，居于买方地位的跨国公司对于处于卖方地位且存在严酷的同质化竞争环境下的中国企业，具有巨大的选择空间优势，对利益最大化的追求，使得跨国公司在全球采购中往往奉行最低价原则，同时为了维护自身"力图成为出色的团体公民"的企业形象，它们往往还对社会责任要求最为严格。这就迫使我国的诸多企业必须同时具备两个条件：最低价格的供应商和具备社会责任的社会团体公民。于是我国的一些企业在加入了由跨国公司作为国际贸易体系中的买方驱动的社会责任时，既无法抵制跨国公司的社会责任要求，又对履行社会责任力不从心。跨国公司在追求利润最大化和强调社会责任的同时奉行的最低采购价格的原则，挤压了发展中国家企业可用于推行社会责任的利润空间，使得我国诸多企业原本就比较脆弱的社会责任承受能力更加弱化，导致了我国的一些企业常常处于社会责任临界点的压力之下。"从表象而言，一些跨国公司主导的社会责任标准似乎不高，诸多落实条款在我们的法律中都规定过。但由于跨国公司在我国出于低价采购或降低价成本的需要，往往选择以农民工为劳动力主体、各方面设施并不完善的工程为供应商，因此，一些社会责任标准的要求都会让其不堪重负。"客观而言，除去上述原因外，我国的一些企业，尤其是民营企业发展历史较短，规模偏小，管理水平低，竞争能力不强，抗风险能力弱，在商品性能、外观甚至营销手段上相互模仿，以至逐渐趋同的严酷的同质化竞争中，自然会以维持生存作为第一要务，规避员工权利和环保责任等就成为它们的自然选择。而有一些企业，为攫取高额利润，在不存在社会责任临界点压力时，仍然规避对社会责任的履行。因此，出于生存发展的需要或攫取高额利润的动机，我国的一些企业往往采取一些非正式制度许可的手段针对社会责任的具体要求展开种种的应对措施，在员工权利、环境保护等方面避实就虚，从而使社会责任的目标要求与应对主体的行为方向产生位移与错位，社会责任推行困境由此发生。

二、我国企业家社会责任推行困境的表现分类

在我国，企业社会责任推行困境主要表现为以下几种：

首先，由于跨国公司的社会责任标准超出了我国一些企业尤其是劳动密集型企业的承受能力，在末端窘境与生存压力的驱动下，往往

在社会责任的认证和具体对社会责任的履行上采取了一些"造假"手段，以求得形式上的符合规范，缓解出口压力。跨国公司不会因为中国企业承担了社会责任而提高产品价格，之所以对我国供应商的社会责任问题予以关注，很大程度上缘于其不愿因供应商的社会责任问题导致它们自身"社会团体公民"形象的受损，进而引发本土的抗议和其他麻烦。在获得下游企业的低价高质产品从而获得高额利润的同时，是否能认真地衡量下游企业的社会责任推行实效，值得怀疑。

2004 年的 2 月 9 日，美国全国劳工委员会（The National Labor Committee）等机构发表了一份报告，指责沃尔玛的供货商广东省东莞市常平镇合艺厂和另一家沃尔玛供货商广东省中山市三乡镇秦氏企业手袋厂违反国际劳工标准，存在工作环境恶劣、克扣工人工资、非法强迫工人加班等情形。尽管沃尔玛确实对工厂开展过检查，但在厂家的"暗箱操作"后，形同虚设。第一个困境，在跨国公司和下游企业之间形成的默契而导致社会责任推行困境。

其次，以 GDP 为主的官员绩效考核的现实，也使得一些地方政府对一些企业以牺牲环保和员工收入为代价的降低企业成本的行为往往网开一面，如果考虑到腐败的因素，则易于成为具体制度规范下实际通行的"潜规则"。某些"中国地方政府因担心资本抽逃和过于重视经济增长，因此在某种程度上与雇主达成妥协或合谋，劳工利益则成为被牺牲的一方，雇主得以攫取绝对剩余价值。"纵然一些地方政府不存在上述情形，在庞大就业压力的现实面前，他们也有可能对一些劳动密集型企业违反社会责任的行为"网开一面"。于是形成了第二个困境，即地方政府围绕 GDP 或就业的压力而与企业联盟所形成的推行困境。

第三种困境是，在我国劳动密集型加工企业员工大多都是刚刚从农村来到城市的外来务工者，即所谓"农民工"，从整体而言，一方面他们的工资收入常常是家庭主要的经济来源，另一方面，他们的素质，尤其是法律意识环保意识较为低下。这使得他们在面对企业社会责任问题时，对自身的权利和环保的重要性往往认识不清，他们可能为了加班费而主动要求延长工时，可能由于担心工作机会的丧失或受胁迫而配合厂方的虚假活动，也有可能对厂方的破坏环保的一些行为麻木不仁。当社会责任的受益者对社会责任淡漠时，社会责任的推行就缺少了内部的支持力量，外在的压力与监督在这种情况下难以真正有效地发挥作用，这是第三种困境。

困境的第四个表现，是随着发展中国家具有国际竞争力的廉价劳动密集型产品大量进入发达国家市场，对发达国家的国内市场造成冲击，纺织品服装、玩具、鞋类等相关行业工人失业或工资水平下降，其工会等相关利益团体要求实行贸易保护主义的呼声日起，美国等发达国家为了保护国内市场，减轻政治压力，对发展中国家的劳工条件及劳工环境的批评指责声日益高涨。世贸组织中有关劳工标准与国际贸易关系的争论由来已久，早在乌拉圭回合谈判中，欧美一些国家代表就提出过劳工标准问题。有代表性的观点是：各国工人工资水平、工作时间、劳动环境和安全卫生状况等条件上的差异，使劳工标准低的国家生产成本低廉，在国际贸易中有相对的价格优势，这势必造成由发展中国家向劳工标准高国家的"社会倾销"。因此提出在国际贸易自由化的同时，应在贸易协议中制定出统一的国际劳工标准，并对达不到国际标准国家的贸易进行限制。若此，则社会责任问题不仅超出了发展中国家对社会责任的承受能力，而且有可能不会再局限于纯粹的经济领域，变成一个社会政治问题。一些发达国家将社会责任经济问题政治化的做法遭到发展中国家的高度警惕和反对。1999 年 12 月，美国西雅图召开的 WTO 部长级会议上，劳工标准问题引起激烈争论并导致谈判破裂。2000 年 2 月联合国贸易与发展会议第十届大会上，发展中国家对劳工标准达成了重要共识，拒绝把劳工标准纳入国际贸易制度中，强调发展中国家必须团结协作，共同努力建立"公平、公正、安全"和非歧视的多边贸易体制。在这种情况下，当社会责任问题被人为地与政治和贸易壁垒问题挂钩时，社会责任推行应具备的共同价值观就不可避免地发生分裂：当一些国家出于种种目的以社会责任的名目将符合其利益要求的某些问题予以强制推行时，就会使社会责任异化为政治的工具和贸易的壁垒，必然遭到我国在内的发展中国家的抵制，社会责任也因被塞入与其本质要求不兼容的内容而导致其推行出现困境。

三、我国企业家社会责任推行困境的原因分析

企业行为是由企业家的企业经营理念所支配的，企业经营理念的形成又受着企业内外环境的影响和决定。我国企业家社会责任推行困难的原因，主要来自主客观两个方面。

（一）客观因素

1. 日趋激烈的市场竞争环境，强化了企业追求利润最大化的动机。

改革开放以来，我国经历了轰轰烈烈的经济体制改革，乡镇企业异军突起，国有企业改革也从未间断，企业独立的市场竞争主体地位日益明确。在这一转轨过程中，优胜劣汰的情况屡见不鲜，企业为了顶住内外竞争者的压力，不得不首先做强做大自己，通过瘦身强骨、加强积累来增强抵抗风险的能力。这样不可避免地在某种程度上就忽视了对社会责任的关注，有时甚至是以牺牲社会责任为代价来满足自己发展壮大的要求，这具有转轨时期的特殊性。

2. 政府监管不力，市场法律法规体系不完善，无法有效监督和约束企业的不道德行为。

在中国经济体制转轨过程中，许多规范企业社会责任的法律法规的制定滞后于经济发展的需要。至今我国仍然没有一部专门的法律对企业的社会责任做出系统规定，这使得企业社会责任缺乏系统的法律约束和保障。另外，对企业社会责任缺失影响更为严重的是，即使有相应的法律法规加以规定，但是由于政府相关职能部门有法不依，执法不严，没

有认真履行自己的监管职责，对违背社会责任的行为"不监不管"，使得企业的不法行为无法受到有效的惩戒，或者说受到的惩罚不足以对企业产生警诫和约束作用。因此，出现诸如"回炉奶"事件、拖欠农民工工资、股市圈钱等恶劣现象就不足为奇了。这样的执法不严，一方面使民众对企业产生了普遍的不信任的情绪，对那些诚信的企业也造成了伤害，不利于市场经济的健康发展，另一方面助长了企业逃避、对抗法律的侥幸心理，使企业的社会责任意识更加难以培育和强化。

3. 企业履行社会责任的舆论导向不足。

在经济体制转轨过程中，中国主流经济学出于对计划经济下国有企业因承担过多的社会责任而效益低下的纠正，强调企业的经济责任，认为企业的根本目的就是利润最大化，忽视企业作为社会行为主体而应承担的社会责任。理论上的偏颇使得经济实践中，企业社会责任问题没有引起社会各个方面应有的关注。整个社会对企业承担社会责任还没有发挥社会舆论的导向、约束和监督作用。在这样一种社会风气下，企业承担社会责任就失去了社会压力和动力，正确的社会责任观就必然难以形成。

（二）主观因素

1. 企业民主的组织文化难以建立。

一方面，由于我国传统文化的影响，重人情而轻法理的管理，以及人际关系导向，使得企业难以形成民主的伦理气候，员工的主人翁精神和社会责任感都无法得到落实，从而影响企业社会责任感的培养。另一方面，随着企业改革的不断深入，企业的所有者结构发生深刻变化，目前除了国资委掌控下的一部分大型企业或企业集团的所有权仍然掌握在国家手中之外，其余的则大部分属于非公经济成分。职工原先的主人翁地位逐渐丧失，他们的话语权被剥夺，企业内原先代表员工利益的组织力量也逐渐被削弱。这样在企业追求利润最大化的过程中，企业的行为完全被所有者或管理层所掌握，这些企业出现种种违法违规行为时，员工们不敢也不愿意提出建议，职工的权利和利益完全被漠视。更有甚者，为了企业自身的发展，不惜牺牲员工利益，由于职工主人翁地位的丧失以及工会等社团组织力量的薄弱，使他们基本丧失了监督企业履行社会责任的权利。

2. 企业家自身素质的影响。

企业家自身素质参差不齐，很多企业家受中国的传统观念中"重守成、轻分财"的影响很重，强调"家"的观念，绝大多数企业主都把企业看作是其发家致富的工具，而对"家"之外的国家和社会却顾及较少，社会责任意识淡薄。很少有人愿意拿出自身财产进行社会公益活动，多半把利润用于自身奢侈性消费，无法形成关注社会责任的风气。另外，在经济飞速发展的当今社会，管理理念也跟随时代的发展而变革，可是很多企业主却跟不上形势的需要，仍持陈旧的经营管理理念，缺乏前瞻性的思考。没有意识到随着企业外部体制环境的改善、中国市场的日益成熟，承担社会责任将给企业的成长和发展带来诸多收益，如提高企业声誉、优化企业生态、降低企业内外交易成本等，而仅仅把承担社会责任简单地认为是企业的一种成本支出。因此，企业对承担社会责任缺乏一种自觉意识。

3. 企业自身能力的影响。

中国许多企业尚处于起步阶段，资本规模小，技术水平低，在竞争力上无法和外资企业、跨国公司抗衡。在经济全球化的浪潮中，为了适应市场环境的急剧变化、竞争的日益加剧、国际市场的贸易摩擦，不可避免地在承担社会责任的能力上就显得比较薄弱。

第三节　我国企业家社会责任环境构建的建议

一、企业社会责任的博弈模型分析

1. 企业社会责任博弈的基本性质

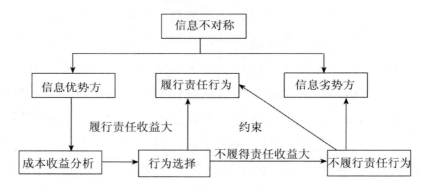

图 1　企业社会责任激励与约束机制作用机理

企业是否履行社会责任是一个动态过程，也是一种不断选择的过程，而这些过程存在两种基本状态：企业方面履行与不履行；政府和社会方面监督与不监督。有如下性质：

（1）企业行为的不确定性。企业 A 可能履行社会责任，也可能不履行社会责任；政府可能监督企业，也可能不监督企业。

（2）个体理性。即企业 A 的行为出发点是以最少的投入带来最大的利益，其博弈过程采取利益占优。当履行社会责任有利时，它会选择履行；当不履行社会责任能带来更多好处时，它就会选择不履行。

（3）重复博弈。企业 A 和政府之间博弈往往是多次重复的，是一种伙伴关系，双方博弈行为不会改变其博弈的结构，彼此都可以看到对方过去的行为。此时，企业 A 不但关心一次履行社会责任收益，而且更关心其未来合作收益。

2. 一个简单博弈模型的构建

为了构建模型和简化计算的需要，我们特作如下假设：

（1）企业 A 履行社会责任的成本为 C_1，企业 A 从履行社会责任中获得的声誉激励的收益为 R_1。

（2）如果企业 A 不履行社会责任，一旦被政府发现将对其进行惩罚，惩罚量为 C_2。

（3）设企业 A 履行社会责任的概率为 p，相应地采取自私行为的概率为 $1-p$；政府对企业 A 不履行社会责任的处罚概率为 q，相应地不处罚概率为 $1-q$。

第一种情况：A 企业做出履行社会责任与否的选择不仅是依靠当期收益进行判断，而且 A 企业将以持续收益作为判断依据。当企业选择履行社会责任，而政府选择监督时，A 企业由于承担了社会责任增加的成本为 C_1，同时带来了较好的声誉，相应增加的收益为 R_1（$R_1 > C_1$），企业 A 履行社会责任受到一种正向激励，用 μ（$μ > 0$）来表示，为声誉激励因子。企业履行社会责任受到的激励具有累积性，存在一种经过时间传导的正向运动，每一次履行社会责任都会在原来的基础上受到一次正的激励 μ，企业的支付矩阵（或称效用）为：

$$G_{1A} = \sum_{i=1}^{n} {}_{pq} \; (R_1 - C_1) \; (1+μ)^{i-1} \quad (i = 1, \; 2 \cdots n) \tag{1}$$

第二种情况：A 企业由于承担了社会责任增加的成本为 C_1，而政府并不监督时，这时公众处于信息非对称状态，因此 A 企业履行社会责任也不能给其带来额外收益，而其竞争对手由于不履行社会责任而增加了收益 C_1，对于 A 企业来说则相当于成本损失。A 企业的支付矩阵为：

$$G_{2A} = p \; (1-q) \; (-2C_1) \tag{2}$$

第三种情况：当 A 企业不履行社会责任，而政府监管时，A 企业的支付矩阵为由于不履行责任而受到的处罚 C_2 以及声誉损失 R_1：

$$G_{3A} = - (1-p) q (R_1 + C_2) \qquad (3)$$

第四种情况：当 A 企业不履行社会责任，而政府又没有进行监管时，这时候企业没有获得来自声誉方面的激励和损失，但是 A 企业由于没有履行社会责任而节省了一部分成本 C_1，可以计入其收益当中，A 企业的支付为：

$$G_{4A} = (1-p) (1-q) C_1 \qquad (4)$$

3. 基于简单博弈模型的企业履行社会责任条件分析

从企业 A 的角度考察支付函数，此时企业 A 对自己的行为具有完全信息，而政府和社会对 A 企业又不具有完全信息。企业 A 是否选择履行社会责任，关键在于它对履行社会责任时的期望支付（$P = 1$）与不履行社会责任的期望支付（$P = 0$）之差 ΔGA 的大小。

$$\Delta G_A = \sum_{i=1}^{4} G_{iA} (p=1) - \sum_{i=1}^{4} G_{iA} (p=0) \qquad (5)$$

将（1）、（2）、（3）、（4）代入，A 企业选择履行社会责任的条件是 $\Delta GA \geq 0$。化简可以得到

$$q > \cfrac{3}{\left(\cfrac{R_1}{C_1}\right)(1-\mu)^{n-1} + 3 + \cfrac{R_1}{C_1} + \cfrac{C_2}{C_1}}$$

则有模型结论：

第一，当 μ_1，C_1，R_1，n 一定时，如果 C_2 较大，即使 q 比较小，企业履行社会责任的可能性也比较大。对于 q 来说，在 μ，C_1，R_1，C_2，n 一定时，q 越大，企业履行社会责任的可能性越大。

由此，可引出第一个合作条件：企业不履行社会责任被发现的概率越大，遭到惩罚的程度越严重，企业就越乐于履行社会责任。企业履行社会责任是要付出一定成本的，一部分企业因此而选择逃避社会责任，但是如果政府对于逃避社会责任给予足够重的处罚，使得企业

感觉得不偿失，就会产生一种示范效应，企业将履行社会责任作为分内之事。

第二，当 C_1、C_2 一定时，R_1 越大，μ 越大，合作的次数 n 越大，即使 q 比较小，企业履行社会责任的可能性也比较大。

由此引出第二个合作条件：当企业从履行社会责任中获得的激励越多时企业越有动力履行社会责任。如果企业感觉履行社会责任虽然付出一定成本，但相应得到的回报是高于成本的，并且存在正向累积性，企业就有履行社会责任的动力，主动履行社会责任。中国一些企业较好履行社会责任的主要动因是从履行社会责任中获得企业品牌形象的提升：一方面，从交易成本理论来看，履行社会责任的企业使得产品生产、使用的信息更加透明，所以消费者购买有社会责任感的企业产品要比购买没有社会责任感的企业的产品风险小，交易成本随之降低，那么理性的消费者就会乐意购买有社会责任感的企业产品。另一方面，企业在社会责任上的投资可能赋予产品社会责任属性，企业社会责任可以作为一种差异化策略。企业社会责任为企业创造了一种可靠和诚实的声誉。消费者通常认为可靠和诚实的企业的产品会有较高的品质。而这种累积激励越强就越会激励企业更好地履行社会责任。

第三，若 q，μ，C_2，R_1，n 一定，C_1 越小，即企业履行社会责任的成本越低，企业越乐意履行社会责任。很多企业不履行社会责任是感觉责任成本太重，而如果履行社会责任的成本比较适中，企业能够承受得了，那么企业也是乐于履行社会责任的。

由此引出第三个合作条件：当企业履行社会责任的成本比较小时，企业 A 即使在履行社会责任中获得的收益较小，也愿意采取负责任的行为。只有当企业从履行社会责任中获得的总收益高于企业不履行社会责任获得的收益时，企业才会主动履行社会责任，如图 2 所示，当政府没有对企业是否履行社会责任进行监督时，不履行社会责任的企业其相对经营成本比较小，为 MC_1，相应的收益为 MR_1，均衡生产点是 B，产量为 Q_1。在这种情况下，另外一些企业虽然履行了社会责任，而由于政府没有对企业履行社会责任状况进行监督，履行社会责任的企业也没有获得声誉激励，因此收益为 MR_1，而由于履行了社会责任，其成本增加为 MC_2，均衡点为 D，产量为 Q_2。可见，当政府对企业社会责任监督机制匮乏的时候，不履行社会责任的企业将有更大的产量，获得更大的收益。而当政府对企业的社会责任状况进行监督时，将对不履行社会责任的企业进行处罚，由于处罚成本的增加，不履行社会责任企业的边际成本将上升到 MC_3，由于不履行社会责任减少了企业的声誉，相应的边际收益下降到 MR_3，这时候企业的利润最大化点为 C，产量为 Q_3。对于企业来说，不履行社会责任的代价是相当大的。在这种情况下对于履行社会责任的企业来说，虽然其成本增加到 MC_2，但是，企业由于履行了社会责任获得了良好的声誉，消费者更愿意将货币选票投给它，均衡点为 A，相应的产量增加到 Q_4。这样，企业将有更大的动力主动履行社会责任。

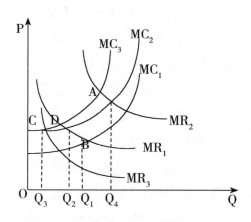

图2　企业履行社会责任的成本收益分析

二、我国企业家社会责任环境构建政策建议

通过对企业社会责任博弈模型的分析可见，提高企业社会责任意识，关键在于建立企业履行社会责任的监督和激励机制。

第一，各级政府应从经济建设型政府转变为公共服务型政府，强化政府的社会管理职能，依法管理和规范社会事务，妥善处理社会矛盾，维护社会秩序和社会稳定，促进社会公平正义。政府目标从优先经济增长转变为优先社会公平，完善对公务员的政绩评价，端正公务员的政绩观。在政绩考核指标体系的设置上，全面反映经济、社会和人的发展，不能片面地用经济指标考核干部。

第二，加大执法和监督力度，提高企业遵守法律法规的自觉性和诚信意识。地方政府应加强对企业社会责任的监督，对企业守法行为的情况要充分了解，并做出定期评估。表彰认真履行企业社会责任的企业，对那些严重违反《劳动法》、《生产安全法》和《环境保护法》的企业提出批评或惩罚，从而引导企业转变观念，朝着积极履行社会责任的方向发展。

第三，建立企业社会责任评估机构，建立企业社会责任档案，定期公布企业社会责任评价结果。同时，可以将企业社会责任作为项目招标的参考依据。

第四，加强国家对企业的监管，包括打击假冒伪劣，反欺诈，反贿赂，取缔不符合基本安全生产条件的企业，严厉查处违反我国劳工、环保等社会责任方面的法律法规的企业行为，建立良好健康的社会经济秩序。

第五，加强对企业社会责任的培训。要让地方政府管理部门的官员和企业经营者、管理者理解企业社会责任对企业发展和地方经济发展的重要意义，帮助企业树立社会责任的理念，在创造利润的过程中，不能忽视企业的社会责任。要帮助企业建立企业社会责任的管理体系，使企业社会责任管理制度化、规范化。

第六，努力宣传企业社会责任，提高公众意识。在全社会倡导关心慈善事业、关爱社会弱势群体、崇尚具有良好商业道德的行为，构筑一个符合我国文化传统和国情的企业社会责任价值体系。加大对企业社会责任的宣传，让全社会都来关注企业社会责任，参与到推动企业社会责任的运动中来，积极营造有利于推进企业社会责任的社会氛围。

参考文献

李立清，李燕凌．企业社会责任研究，人民出版社，2005.220.

刘铁民．WTO 与中国安全生产．中国经贸导刊，2001（2）．

徐二明，郑平．国际化经营中的企业社会责任，软科学，2006（4）．

韩晶．企业社会责任的博弈模型分析，财经问题研究，2007（10）．

第六章　企业家社会责任的理论背景①

　　企业家社会责任概念的提出和理论的发展主要是基于 20 世纪后半期西方经济发展与许多社会问题联系在了一起，使得企业与社会的关系发生了很大变化，这些变化促使企业的经营理念和治理策略也发生了深刻的转变。从 20 世纪 70 年代开始，国外学者开始探讨企业社会责任理论，并从公司治理、社会责任层级、企业公民和经济伦理四个视角，分别提出了利益相关者理论、社会责任层级理论、企业公民理论和经济伦理学的社会责任理论。

　　企业家社会责任研究的历程，勾画出了企业家社会责任理论的理论脉络，即从传统经济理论下的消极企业家社会责任观（18 和 19 世纪）到现代企业家社会责任观的形成（19 世纪末到 20 世纪 20 年代），再到企业家社会责任的发展（20 世纪 30 年代至今）。其中企业家社会责任的发展又经历了"贝利 – 多德"论战（20 世纪 30 年代和 40 年代）、"贝利 – 曼恩"论战（20 世纪 50 年代到 70 年代）、利益相关者理论的形成及企业家社会责任理论的纵深发展（20 世纪 80 年代至今）这三个阶段。

---

　　① 赵琼. 国外企业社会责任理论述评——企业与社会的关系视角［J］. 广东社会科学，2007（4）：172 – 177.

第一节　社会责任层级理论

企业社会责任层级理论主要探讨的是企业究竟应该承担哪些社会责任，这些责任之间的关系如何？它提出了企业承担社会责任的层次性，区分了企业应该承担的基本社会责任和高层次社会责任。1971 年由美国主要企业领导人组成的经济发展委员会用三个责任同心圈来说明企业社会责任的层级性：最里圈，包括明确而有效履行经济职能的基本责任，比如产品、就业以及经济增长等基本的责任；中间一圈，包括在执行经济职能时对社会价值观和优先权的变化要采取积极态度的责任，比如环境保护、尊重雇员，以及消费者希望得到更多的信息、公平对待、避免受到伤害等；最外圈，包括新出现的以及还不明确的责任，也就是企业必须保证越来越多地参与到改善社会环境的活动中来。

1970 年代末，A·B 卡罗尔提出了一个三维企业社会绩效模型，认为企业不仅有经济和法律的责任，而且还有道德和慈善的责任。他阐述了企业社会绩效与经济目标的一致性，企业社会责任与企业社会敏感性之间的一致性。1991 年，他又进一步提出公司社会责任金字塔说，认为企业社会责任中位于最基础的是经济责任，没有经济责任，其他的责任无从考虑；位于第二层的是企业的法律责任，社会不仅按照利益驱动来约束企业，而且同时也期望企业遵纪守法；位于第三层的是企业的道德责任，包括道德标准、规范，反映消费者、员工、股东和社区关心公平公正的期望，以及对利益相关者道德权利的尊重和保护等；位于最高层次的是慈善责任，即成为优秀企业公民的期望，包括开展行动或者项目来促进人类福利发展。A·B 卡罗尔还区分了道德责任与慈善责任，认为慈善责任并不是按照道德感的期望来做的，如一个社区希望某一个企业捐赠资金、设施，但是，如果企业提供的捐赠并没有达到社区所期望的水平，社区并不认为该企业是不道德的，慈善责任在于志愿性。

德·乔治1993年提出应区分企业三种不同层次的道德要求：第一层次即最低限度的道德要求包括基本的道德规范，诸如不杀人、不欺骗、不盗窃、不剥削；第二层次是超出最低限度道德要求的积极义务，就是要创造和保持与利益相关者的信任关系，要帮助有困难的员工，要补偿企业无意中对社区造成的危害，要保证公平的市场环境等；第三层次的道德要求即对于道德理想的渴望。这些渴望以道德理想为其特征，能够在经济的、社会的和环境的领域激发起大量的动力和能量，还可造就企业非常独特的身份特性和使命。

这三种社会责任层次理论所阐述的共同点在于企业最基本的社会责任是它自身的经济责任和最基本的法律责任，这是企业社会责任的底线，其次是企业道德责任，位于最高层次的是面向全社会的责任。企业的各种社会责任之间存在着递进的关系，各层次的社会责任不能混淆、不能相互替代。

第二节　企业公民理论

企业公民理论将企业看成社会的一部分，认为企业同个体社会公民一样，在社会合法性方面，既拥有社会公民的权益，同时也必须承担对社会的责任。《世界经济论坛》对企业公民的定义是：企业通过它的核心商业活动、社会投资、慈善项目以及参与公共政策而对社会的贡献。企业处理与经济、社会、环境的关系以及与利益相关者（包括股东、员工、消费者、商业合作伙伴、政府和社区）关系的方式，影响着企业的长期发展。美国波士顿学院"企业公民中心"提出了定义企业公民要素的三个核心原则和三个价值命题：三个核心原则是危害最小化、利益最大化、关心利益相关者和对利益相关者负责。三个价值命题为：命题一，理解、整合和强化企业价值观；命题二，将这些平衡的、整合的价值观融汇到企业的核心策略中；命题三，形成支持体系以强化这些价值观，并付诸行动。

1997 年，Zadek，Pruzan 与 Evans 提出了一个"企业公民基本原理三角模型"，指出企业好公民的绩效是由三种力量所形成的：首先是企业经理需要理解外部环境，并与之进行协调的动力；其次来自社会的压力，促使企业改进在社会和环境方面的绩效；第三是道德价值。英国"企业公民公司"总裁戴维·罗根认为企业公民是指企业在业务活动中被赋予了对等的权利和义务。企业公民既包含企业在社会中的合法权利，又包含企业应尽的社会责任，并且将这种权利和责任与企业长期发展战略相结合。

科里斯·马斯登将企业公民的发展概括为三个阶段，在每一个阶段都发生了一些关键事件，在这些事件的促动下，出台了一些新的标准和社会运动，由此形成了一些新的制度和机构。第一阶段（1960 ~ 1983 年）为觉醒阶段：如 1970 年代的雀巢婴儿食品事件、1974 年的 Sevesco 灾难事件，1969 年的美国环境保护运动、1972 年的罗马俱乐部、1980 年的布伦迪夫人报告等，由此推动 1972 年成立绿色和平组织、1973 年成立联合国环境保护委员会等；第二阶段（1984 ~ 1994 年）为从事参与阶段：如 1984 年印度庞贝毒气泄露事件，造成 4037 人死亡，6 万人严重受伤，1987 年可持续发展报告及可持续发展运动，1990 年的联合国儿童峰会；第三阶段（1995 至今）为网络化阶段：关键事件是 1995 年的壳牌石油事件、1996 年的耐克童工事件和 1997 年的亚洲金融危机，这些事件促成了 1996 年的 ISO14000 和 1997 年的 SA8000 标准出台，以及 1998 年"三方底线"概念提出；另外，1996 年成立企业公民机构、1997 年成立公平贸易联盟（ETI）以及 1997 年成立发展的商业伙伴组织。科里斯·马斯登认为，在这三个发展阶段中，大的商业活动成为一些关键事件的主角；而一些新的标准和制度的形成都是与企业参与应对这些关键事件有关；此外，在早期阶段，企业所涉及的主要是环境问题，到后期所涉及的社会问题越来越多，如社会排斥、人权问题等。不管企业喜欢不喜欢，商业活动总是一些重大社会问题的一部分，并且也是解决这些社会问题的重要组成部分。

第三节　经济伦理学的社会责任理论

经济伦理学主要是研究经济发展和经济行为与社会伦理规范的问题。从微观、中观和宏观三个层次来看，业伦理处在中观层面上。乔治·A·斯蒂纳和约翰·F·斯蒂纳认为，商业道德可以比普通的社会或个人道德更为宽容，他们概括了两种对立的理论：第一种，"非道义理论"，即认为商业行为是非道德的，商业行为不受整个社会道德理想所指导。这种理论在十九世纪颇为流行；第二种是"道德同一理论"，按照这种理论，商业行为应当由社会的普遍道德标准判断，而非用一套更为宽容的特殊标准。

托马斯·邓菲从社会契约的角度指出，现实的或"现存的"社会契约是构成企业道德规范的一个重要源泉。当这些现实的但通常是非正式的社会契约以自由而明智的一致同意为基础时，并且当他们提出的规范与更广泛的伦理学理论原则相一致时，它们显然就成了强制性的，企业有义务遵守企业与社会达成的这一广泛的社会契约。他们把广泛而传统的社会契约方法同"现存的"社会契约综合起来，称之为"综合契约论"。乔治·A·斯蒂纳和约翰·F·斯蒂纳认为，按照"综合契约论"，履行与各种利益集团的合同义务是企业的责任，它暗含着企业必须符合公众的期望，是企业责任的一种扩展。

乔治·恩德勒从经济伦理学的角度提出了"平衡的企业"的概念，

认为作为一个道德行为者的企业，具有经济的、社会的和环境的责任，它在各个层次上与其他行为者有关联，并在某种不确定的和变化着的范围内进行运作。这些方面互相关联，它们中的任何一个方面都不得被排除，所有的方面都要以一种平衡的方式来考虑。他认为，"既然经济责任不能完全由社会和环境的责任来取代，那么，社会的和环境的责任也就不能完全由单纯履行经济责任来承担"。他对企业社会责任三个领域的划分是基于，"社会各领域包括经济、政治、社会文化和环境几个领域，这些领域既有一定的自主性，又互相关联，每个领域都不能为了另一个领域的利益而被完全地工具化。"他还认为，与利益相关者理论相比，平衡的企业概念是从经济的、社会的和环境的方面阐述企业应该做什么的问题，这两种方法并不矛盾，而是相互补充的。

经济伦理学的社会责任理论主要阐明，企业的发展不能背离社会道德伦理规范，而要与社会道德伦理规范相一致，应该符合公众的期望，与经济社会以及环境均衡发展。从这个角度出发，企业承担社会责任不仅仅是企业的自发行为，而是自觉履行道德责任的自觉行动。

第四节　利益相关者理论

利益相关者（The Stakeholder）概念最初是由伊戈尔·安索夫在他的《公司战略》一书中首次提及的，1984年弗里曼的《战略管理——利益相关者方式》出版后，"利益相关者"、"利益相关者理论"等术语才得以广泛使用。弗里曼认为，利益相关者是指那些对企业战略目标的实现产生影响或者能够被企业实施战略目标的过程影响的个人或团体。利益相关者理论主要是关于公司治理的理论，它是从对企业社会绩效评价的角度提出企业不仅要对股东负责，而且要对所有的利益相关者负责。

克拉克森将利益相关者区分为初级利益相关者和次级利益相关者，前者是指一旦没有他们企业就无法正常运行的利益相关者，典型的主要包括股东、投资机构、员工、消费者、供应商，以及作为公共利益相关者的政府和社区等提供公共服务的机构，企业与这些利益相关者之间有高度的相互依赖性。后者则指可以影响企业也可以被企业影响的群体，但他们不介入企业事务，并不是企业生存所必须的，包括媒体、社会团体、种族组织、宗教组织和一些非营利组织等。

普瑞斯顿通过对传统的投入产出模型和利益相关者模型的比较研究，认为在传统的投入产出模型下，供应商、投资机构和员工被当作是投入要素，而在利益相关者模型中，除了顾客、员工、投资机构、供应商这些投入要素以外，还包括政府、社区、政治集团、行业协会等。只要是企业合法利益的利益相关者都会在企业活动中获取收益，而且各类利益相关者的利益是平等的，没有任何一种利益优先于其他利益。

一、利益相关者理论的提出和发展

利益相关者理论（Stakeholder Corporate Governance Theory）是对传统的"股东至上主义"治理模式的挑战。其思想渊源来自 Dodd 在 1932 年的经典文献。他指出，"公司董事必须成为真正的受托人，他们不仅要代表股东的利益，而且要代表其他利益主体，如员工、消费者，特别是社区整体利益。"此后，学者们分别从企业战略、社会责任、经济伦理等角度进行论述，推进了利益相关者理论研究的发展。利益相关者理论认为，企业是一个由利益相关者构成的契约共同体，利益相关者包括企业的股东、债权人、雇员、消费者、供应商等交易伙伴，也包括政府部门、本地居民、当地社区、媒体、环境保护主义者等压力集团，甚至还包括自然环境、人类后代、非人物种等受到企业经营活动直接或间接影响的客体。这些利益相关者都对企业的生存和发展注入了一定的专用性投资，他们或是分担了一定的企业经营风险，或是为企业的经营活动付出了代价，因此，企业的经营决策必须要考虑他们的利益，并给予相应的报酬和补偿。因此企业对利益相关者必须承担包括经济责任、法律责任、道德责任、慈善责任在内的多项社会责任。

20 世纪 90 年代以来，政府开始推动企业承担社会责任的对象由股东转向所有利益相关者。1990 年，美国宾夕尼亚洲通过《宾夕法尼亚州 1310 法案》，其他各州也相继修改原来的企业法规，强调企业在反收购问题上要更多地考虑利益相关者的利益。从理论基础上来看，利益相关者理论源于契约理论和产权理论（陈宏辉，2004）。虽然契约理论和产权理论一直被作为股东利润最大化理论的思想基础，但是从中也可发现利益相关者的思想渊源。利益相关者理论认为企业是所有利益相关者之间的一系列多变契约（Freemna&Evna，1999）。每一个利益相关者都对企业进行了不同的投入，为了保证契约的公平和公正，每一个利益相关者应该有平等的谈判权和退出权。从这个角度出发，契约理论也是利益相关者理论的基础。利益相关者理论批评股东利润最大化者对产权的理解过于狭隘。事实上，只有基于"多元个体判断"而形成的产权概念才更加符合实际情况。多元个体判断产权理论是建立在自由意志论、功利主义和社会契约论等理论之上的产权观。多元个体判断产权的含义是指财产所有权人可以自由地使用他们所拥有的资源，但根据功利主义原则，财产所有权人又必须压抑他们的自我欲求，以满足他人利益上的要求。社会契约论更强调个人和群体之间在私人财产适当分配和使用上的相互表达和相互理解（Donaldson & Duefe，1994：1995）。从这个角度而言，利益相关者理论也将产权理论纳为自己的理论基础。

利益相关者的研究可以归纳为三大类：实证主义、工具主义和规范主义。所谓实证主义利益相关者研究是指用于描述、解释和确定企业特征及行为的理论，重点是调查企业如何与利益相关者互动以及企业是否考虑到利益相关者的利益。其代表性研究是布伦勒和科齐赫兰的《企业利益相关者理论：企业与社会理论及研究中的应用》，该研究实证分析了利益相关者对企业社会责任的影响，指出"企业利益相关者理论断定一个组织之利益相关者的本质、他们的价值以及他们对于决策和形势之性质的相应影响都提供了预测公司行为的所有相关信息"（布伦勒和科齐赫兰，1991：462）。所谓工具主义利益相关者研究是指用于确认利益相关者与公司传统目标（如盈利能力和增长率）之间是否存在联系的理论，研究的主题是利益相关者与企业业绩的关系。其代表性研究是阿奇 B. 卡罗尔（Acrhie B. Carroll）的《公司业绩的三维概念模型》，率先从利益相关者的角度，通过一般统计方法探讨企业社会责任问题（卡罗尔，1979）。规范主义利益相关者理论是从伦理的角度探讨企业与社会（包括利益相关者）关系的理论，着重阐述应当如何考虑利益相关者的利益及其理由。

二、利益相关者的界定与分类

在从利益相关者的角度研究企业家社会责任时遇到的最基本的问题是怎样界定究竟谁是企业家的利益相关者。企业家利益相关者是指那些与企业家相互影响，并且在企业投入资本（物质资本、技术资本、社会资本等）的人、群体或对象化的东西。该定义具有关键性的两点，一是利益相关者是与企业家相互影响的，企业家离开利益相关者发展必将受到影响，反之亦然。二是利益相关者对企业家有投入，这种投入是多种多样的，有的是物质资本，有的是技术资本，有的是人力资本，有的是社会资本等等。

米切尔、阿格尔和伍德（1997）提出从合理性（legitimaey）、影响力（power）和紧急性（ugeney）对利益相关者进行分类。合理性指的是企业所认为的某一利益相关者对某种权益要求的正当性和适切度。由于所有者、消费者和员工对企业有着明确、正式和直接的关系，所以也就意味着他们的要求所包含的合理性成分较大；与企业关系较为疏远的利益相关者如社会团体、竞争者等，他们的要求则被视为具有较低的合理性。影响力指的是生成某种结果（做成了用其他办法做不成的事情）的才干或能力。紧急性指的是利益相关者需要企业对他们的要求给予急切关注或回应的程度。要成为一个企业的利益相关者，至少要符合一条属性，否则就不能成为企业的利益相关者。根据企业的具体情况，对上述三个特性进行评分后，企业的利益相关者又可以被细分为以下三类：

1. 确定型利益相关者（definitive stakeholders）

同时拥有对企业的合理性、影响力和紧急性。为了企业的生存和发展，企业必须十分关注他们的欲望和要求，并设法加以满足。典型的确定型利益相关者包括股东、雇员和顾客。

2. 预期型利益相关者（expect stakeholders）

与企业保持较密切的联系，拥有上述三项属性中的两项。这种利益相关者又分为以下三种情况：第一，同时拥有合法性和权力性的群体，他们希望受到企业关注，也往往能够达到目的，在有些情况下还会正式地参与到企业决策过程中。这些群体包括投资者、雇员和政府部门。第二，对企业拥有合理性和紧急性的群体，但却没有相应的权力来实施他们的要求。这种群体要想达到目的，需要赢得另外的更加强有力的利益相关者的拥护，或者寄希望于管理层的善行。他们通常采取的办法是结盟、参与政治活动、呼吁管理层的良知等。第三，对企业拥有紧急性和影响力，但没有合理性的群体。这种人对企业而言是非常危险的，他们常常通过暴力来满足他们的要求。比如在矛盾激化时，不满意的员工会发动鲁莽的罢工，环境主义者采取示威游行等抗议行动，政治和宗教极端主义者甚至还会发起恐怖主义活动。

3. 潜在的利益相关者（alter stakeholders）

只拥有合理性、影响力、紧急性三项特性中一项的群体。只拥有合法性但缺乏影响力和紧急性的群体，随企业的运作情况而决定是否发挥其利益相关者的作用。只有影响力但没有合理性和紧急性的群体，处于一种蛰伏状态，当他们实际使用权力，或者是威胁将要使用这种权力时被激活成一个值得关注的利益相关者。只拥有紧急性，但缺乏合理性和影响力的群体，除非他能够展现出其要求具有一定的合法性，或者获得了某种权力，否则管理层并不需要、也很少有积极性去关注他们。米切尔评分法的提出大大改善了利益相关者分类的可操作性，极大地推动了利益相关者理论的应用，使企业社会责任的对象更加明确和更具操作性，并逐步成为利益相关者分类的最常用的方法。

第七章　传统经济学的解决方案

第一节　企业家社会责任模型的演进

　　企业终归是社会中的企业，企业不能脱离社会而孤立地存在，具有社会属性。同时，企业作为劳动创造的组织形式和人与自然关系的结点，又具有自然属性。企业与社会的关系是系统和环境的关系，它们之间相互开放、彼此相互作用、相互影响和相互渗透，它们受各自发展规律的制约又彼此产生交互作用。企业家要承担社会责任的动力正体现于企业发展规律与社会发展规律及它们的交互作用之中。

　　一方面，企业是社会的组成部分，企业活动是社会生产的基础层次和单位形式，社会发展依赖于社会生产的扩大和企业的发展壮大；同时，企业之所以不能孤立地存在于社会，是因为企业还是一定的生产关系的产物，社会的本质即是生产关系的总和。因此，企业中的利益相关者是以一定的生产关系结合在一起的，企业利益相关者之间的关系所体现的是一种社会关系。这种关系要求企业必须在一定的生产关系的约束下对企业利益相关者的利益负责。另一方面，企业毕竟不等于社会，企业只是社会的一个层次，一种组织。企业利益具有独立性和排他性，社会利益具有公众性和共享性，企业发展目标在于企业自身利益的最大化。因此，企业家的基本责任是在遵守社会契约的前提下行使权力。本节将回顾自从现代以来，企业与社会的关系发生的变化，把握企业家社会责任的演进。

一、传统经济模式

在传统经济模型中，企业系统与社会不直接发生关系，从而企业家可以专注于解决与市场经济力量有关的问题。这一模型将企业和行业描绘成存在于市场环境中，而这一市场环境既受企业决策的影响，也受社会、政治、法律和文化力量的影响，是由二者共同作用形成的。这一模型中的市场环境就像企业与非市场环境力量之间的缓冲器。这种模型所描绘的体系被认为是早期资本主义时期企业与社会的关系模型。

图1 传统经济模式

传统经济模式在本质上是亚当·斯密经济思想的体现。亚当·斯密认为个人在追求他们自己的利益时，拥有最大限度的自由，个人也将充分利用这种自由做出选择。每一个人经济上都有自由选择的权利，通过追求个人利益，就会确保经济的进步。也就是说一个社会通过市场能最好地确定其需求和需要。假如企业家依其能力对市场需求予以回应而得到回报，那么对这种回报的执着追求就会带来其所需要的一切，市场的"看不见的手"可将自我利益转化为社会利益。所以在这种假设下，政府对经济生活的干预降低到最低限度。政府对市场的干预不仅是不合适，而且是不必要的。说这种干预不合适，是因为它降低了效率，自由企业制度正是因为这种效率而使消费者获益。说这种干预没有必要，是因为市场的力量已经足够引导企业努力满足社会的需要。非经济性的目标或者业绩标准对于判断企业的贡献并不是合法的依据。市场业绩应该是唯一可以接受的用来衡量社会业绩的指标。处理社会问题是政府的职能，而不是自由企业制度的功能。因此，管理者应该明确他们公司的利益，具体地说，就是获得盈利，并在使用有限的资源时提高效率。企业获得利润同时也就是对社会做出贡献。

在传统经济模式下，个人将拥有的私有财产，自由投资于企业。在这种情况下，企业家的唯一目标就是股东利润最大化。在充分竞争的市场环境中，产品的价格和质量是唯一的市场信号：如果有企业家提高价格，将失去全部的消费者；如果有企业家提高产品质量，必将扩大市场份额。因此，在这种市场环境中，自由市场制度本身就是一种战略性干预，可以将企业家间的竞争转化为社会利益。在相当长的一段历史时期内，传统经济模式在资本主义社会存在，并且至今还作为反对政府干预论者的理论基础。但是，现实的变化在不断消解传统经济模式存在的社会基础。首先，从理论上来说就是市场失灵的存在。外部性、竞争失败、公共产品市场问题、市场不完全、信息失灵和失业收入分配问题等原因的存在，都会导致市场失灵。其次，经济危机的不断出现，需要政府的干预。历史上不断发生的周期性经济危机使人们认识到，仅仅依靠市场调节不能引导企业与社会协调发展。第三，经济和社会的变化促使企业家对社会压力和要求做出反应。企业家对社会的反应并不像这一模型所指出的那样非常有限，这一模型所赖以存在的前提是与现实相矛盾的。社会干预和一系列社会环境的变化也修正了这一模型，使它在某些方面更接近于现实。

二、主导模型

在主导模型中企业家和政府主宰着我们社会中的绝大部分个人和团体。企业家精英和政府精英联合在一起雄踞在大众之上，以大多数人的福利为代价，为少数特权人物赢得财富和权力。

通过考察发现，在 19 世纪后半期，主导模型作为定义企业家与社会关系的一种模式在美国出现。那个时候，大托拉斯已经出现，并通过各种腐败行为操纵着政治家和立法机构。在主导模型时代，实力强大的企业不断扩张，企业家则掌握了普通人的命运，他们都无约束地行使着权力。当时有这样一个被后人经常所引用的经典例子，当记者向一位铁路大王威廉·哈瑞曼说明他对公众负有责任，他却叫嚣："我不管公众如何反应，我要为我的股东工作"。后来，当一些企业的领导开始担心联邦政府会通过反垄断提案，另一位铁路大亨爱德华·哈瑞曼宣称他并不担心，如果他想要某项州立法，就可以花钱解决，如果有必要，他还可以买通国会和法庭。

图 2   主导模型

事实上马克思对资本主义的批评在一定程度上包含了与主导模型相一致的观点。马克思认为，在资本主义社会，政府成为资产阶级的代表，它本质上是为资产阶级服务的，不可能为大众服务。

三、动态力量模型

动态力量模型表示企业家——社会关系是一种相互作用的系统。动态力量模型认为，经济系统是一种由宽泛的多种力量相互作用的系统，企业家植根于该系统，对企业家的主要影响来自环境力量的变化，既包括经济的也包括非经济的力量，企业家必须对各种经济和非经济力量做出反应，企业家的生存发展取决于其对社会、政治和经济力量做出正确的调整。尽管这一模型看上去较为复杂，它并没有完全揭示出社会中各种主要力量之间的影响与反应的复杂性。然而，它的确清楚地表明在企业家——政府——社会关系中与企业家有关的各种主要影响变量。这是一个多种或复合力量的动态模型。有关的力量变化和影响方式各不相同，而且取决于各种各样的因素，比如竞争双方的力量、公众感受的强烈程度以及政府的权威和企业的地位。动态力量模型在本质上不同于主导模型，它将经济系统描述为一种宽泛的多种力量相互作用的系统。在动态力量模型中，许多重要的力量在主导模型中被看作是可以忽略的非重要因素。

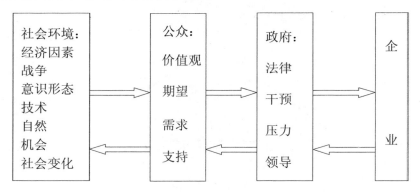

图3　动态力量模型

从动态力量模型我们可以看出：第一，企业家深深植根于所在的环境中，必须对许多力量，包括作用于企业系统的经济和非经济的力量做出反应。企业家无法独立于它所在的环境而存在，也无法主宰这一环境。第二，企业家是影响环境的主要因素，常常是通过与政府之间的相互作用，以及引进新产品或者服务等行为改变环境。第三，我们的社会是一个开放的社会，许多力量相互之间有复杂的相互作用，对政府和企业家形成压力。社会不是等级分明的，也不是由少数人所主导的，而是一个各种因素相互影响的网络。第四，企业家能否取得广泛和有力的公众支持，取决于它是否能够对各种环境力量做出正确的调整。企业家要生存和发展必须对于社会、政治和经济的力量做出综合反应。第五，当企业系统对于环境的影响是更为积极的而不是消极的时候，也就是说，当企业家为环境所提供的收益大于它对环境所造成的成本时，企业家所获得的支持也就更大。当然，在实践中这种成本和收益是难以计量的，但是，这样一种理念是非常重要的。第六，企业家——社会关系随着社会观念、组织以及社会过程的变化处于不断的演化过程中。

四、利益相关者模型

企业社会责任观念最大的转变源于重视利益相关者的利益要求。二战后，随着经济发展和企业规模不断扩大，企业管理者力图平衡众多利益相关者的利益。许多企业设立了正式工会组织，建立起专门组织机构来处理供应商、分销商、贷款人、特殊团体、社区的意见和建议。许多大公司还设立慈善基金，并取得相应的免税特权，企业积极从事社会责任活动已经不再是个别现象。强生公司在 1948 年提出了"满足（企业内外的）人的需求与愿望"的公司信条，并在后来成了公司经营理念。日本经济界在 50 年代中期也提出了企业的社会责任问题，并将企业承担社会责任视为现代企业的基本特征。关于利益相关者的内容，我们会在下面的章节具体介绍。

在利益相关者模型中，企业家处于一系列多边关系的中心。按照对于公司的重要性可以将利益相关者划分成一级和二级两大类。一级（Primary）利益相关者指那些对于公司的生存不可缺少的人，包括公司的所有者、客户、职员、社区以及政府等，也可能还包括其他方面，比如供应商和债权人等。二级（Secondary）利益相关者，包括与公司的生存关系不大的其他组织和个人，但公司的经营对他们的利益有影响。二级相关利益团体可能包括有关各方，比如环境主义者、媒体、学者和批评家、贸易组织，甚至竞争者。利益相关者模型重新定义了利益相关者的优先次序，使之根本不同于传统经济模型。在传统经济模型中，公司是所有者的私人财产。企业家通过运作将资本和供应商的原材料以及员工的劳动力相结合，生产出产品，通过出售满足消费者的需求。公司经营的主要目的是满足一个相关利益者——投资者的要求。然而，在相关利益团体模型中，每一相关利益团体的利益都必须予以考虑，而不是简单地作为可以增加投资者财富的工具。换而言之，相关利益团体是根据他们在公司中的合法利益来定义的而不是简单地根据公司的利益来定义。管理者必须对于各种利益相关者做出恰当有效的反应，正因为如此，就不能一味地强调所有者或投资者的利益。

利益相关者模型强调企业家对于社会利益相关者的责任。这种责任与传统经济理论所强调责任不同。传统的企业理论鼓励公司主宰他所在的环境，削减其他相关利益团体的利益，目的是追求所有者的利益。相关利益团体理论强调企业家的社会责任，要识别并通过工作来满足广泛的利益相关者的要求。

新的利益相关者模型主张运用企业家社会责任原则，来指导公司处理与利益相关者的关系。这一理论要求公司对各种利益相关者给予更多的社会责任方面的考虑。利益相关者模型不仅仅是关于企业家与其所在环境关系的一种描述性模型，而是重新定义了企业家。

利益相关者模型不仅否定了传统经济模式，而且与另外两个模型也有本质的不同。它与主导模型恰恰相反，在主导模型中，企业家对于一定范围内环境小的相关利益团体施以控制，而不是真正关心他们的利益。相关利益团体模型与动态力量模型也有不同，动态力量模型描述了企业于所在环境重要力量，这种力量是对现实的一种估计，而不是在企业做出某种改变时可以实现的一种理想状况的描述。

乔治·A·斯蒂纳和约翰·F·斯蒂纳认为，利益相关者模型描述了企业处在这样一种环境中，企业是各种利益的中心。管理者拥有道德职责，要更为深入地考虑他们的决策对于各种相关利益团体利益的影响。利益相关者理论把企业对股东的责任扩展到了对所有的利益相关者的责任，使企业不仅要处理好与股东的关系，而且要处理好与其他各种利益相关者的关系，承担起对利益相关者的责任。

第二节 企业家对利益相关者承担的社会责任

本节以利益相关者理论为基础，在一般意义上具体分析企业家对每一个利益相关者承担的社会责任范围进行讨论。

一、股东

在市场经济条件下，企业与股东的关系事实上是企业与投资者的关系，这是企业内部关系中最主要的内容。古典经济学理论认为，企业是股东的代理人，它的首要职责是股东利益的最大化。随着市场经济的发展，人们生活水平的提高，投资的方式越来越多元化。人们投资的方式由原来的单一的货币投资转向股票、债券、基金和保险，投资股票直接成为企业的股东，投资各种债券、基金和保险成为间接的股东。在现代社会，股东的队伍越来越庞大，遍布社会的各个职业和领域，企业与股东的关系渐渐演变为企业与社会的关系，企业对股东的责任也具有了社会性。但是，企业对股东的责任和一般的社会责任不同，它通过以下特有的方式：

1. 企业对股东最基本的责任是对法律所规定的股东权利的尊重。

法律的规定是每一个企业必须遵循的伦理底线，超出了这个界限就构成了企业的不道德行为。企业违背了法律的规定侵犯了股东的权益，就是对股东严重的不负责任。

2. 企业要对股东的资金安全和收益负主要责任。

投资人把自己毕生的积蓄托付给企业，希望通过企业的投资获得丰厚的回报，企业应当满足股东这个基本的期望。企业不得拿着股东的钱去做违法的、不道德的事情，企业更不能用股东的钱任意挥霍，企业所从事的任何投资必须以能给股东带来利润为基本前提。

3. 企业有责任向股东提供真实的经营和投资方面的信息。

企业向股东提供信息的渠道主要有财务报表、公司年会等。由此投资人可以了解到公司的经营品种、经营业绩、市盈率、资产收益率、资产负债率等情况。公司必须保证公布的信息是真实的、可靠的，任何瞒报、谎报企业信息，欺骗股东的行为都是不道德的，企业对此要负道德和法律双重责任。

二、员工

企业与员工之间最基本的关系是建立在契约基础上的经济关系，除此之外还有一定的法律关系和道德关系。经济关系简而言之就是劳动和雇佣关系，法律关系是对经济关系的法律规定，道德关系是在肯定经济和法律关系的前提下，揭示了企业对员工之间还有相互尊重和相互信任的关系，企业对员工的发展和完善也负有一定的责任。企业对员工的基本经济责任和法律责任是企业必须履行的伦理底线，企业在这方面对员工的责任有：保证员工的就业择业权、劳动保持权、休息休假权、安全卫生权、保险福利权和教育培训权等。企业在这些方面违背或忽视了员工的权利，就是不负社会责任，应当受到法律、道德的双重制裁。伦理底线规定的企业对员工的责任是抽象意义上的责任，企业真正对员工负责任还要靠具体的行动，企业在实践中实施对员工的社会责任需要做到以下几点：

1. 为员工提供安全和健康的工作环境是企业的首要责任。

员工为企业工作是为了获得报酬维持自己的生存和发展，但是，企业不应以为员工提供工作为由而忽视员工的生命和健康。很多工作对员工的身体健康有伤害，如化工、采矿和深海作业，对于工作本身固有的伤害，企业必须严格执行劳动保护的有关规定。另外，工作环境的安排也必须符合健康标准，工人不得在阴暗潮湿的环境下长期作业，工作间要通风透气等等，这些都是安全健康的工作环境的基本标准。

2. 企业要为员工提供平等的就业机会、升迁机会、接受教育机会。

企业为员工提供平等的就业机会，在职业选择上要反对各种各样的歧视。在就业政策中要体现男女平等，对少数民族地区企业要主动吸收少数民族人员就业。企业要为不同性别、年龄、民族、肤色和信仰的员工提供平等的职业升迁机会，不得人为限制。在接受教育方面企业要为员工创造良好的条件，使员工在为企业工作的同时有机会提高科学文化水平，促进员工的自我发展和完善。

3. 企业为员工提供民主参与企业管理的渠道，为员工提供自我管理企业的机会。

员工在企业中虽然处于劳动者、被管理者的地位，但是劳动者一样有参与企业管理的权利，对企业的重大经营决策、企业的未来发展等重大问题有发表意义和建议的权利。企业尊重员工民主管理企业的权利，重视员工的意见和要求，也能够调动员工的劳动热情和工作的积极性，有助于工作效率的提高。

三、消费者

社会成员购买了企业的产品就成为企业的消费者，但从广义上来说，整个社会成员都是企业的消费者，只不过有些是潜在的，有些已成为现实的。另外，不同的消费者购买和使用了企业的产品，把企业产品的影响传递到社会的各个角落。因此，企业对消费者负责在某种意义上是对社会负责的体现。企业与消费者是一对矛盾统一体，两者既对立又统一。企业利润的最大化最终要依赖消费者购买产品来实现，消费者购买企业的产品越多，企业的效益越好。如果企业生产的产品质优价廉，满足了消费者的愿望和需求，企业的销售额直线上升，由此带来巨大的利润；如果企业生产的产品质量不过关且以次充好，靠蒙骗、损害消费者的利益获取利润，企业利润最大化的目的也难于实现。企业是通过为消费者提供产品和服务而获取利润的组织，企业为消费者提供质优价廉、安全、舒适和耐用的商品，满足消费者的物质和精神需求是企业的天职。企业对消费者的重要责任集中体现在对消费者权益的维护。一般来说，消费者有三个方面的权利：安全的权利、知情的权利、自由选择的权利，如果企业在这方面侵犯了消费者的权利，使消费者的利益受到损害，企业的行为就是不负社会责任的行为。

1. 企业对消费者的最基本责任—向消费者提供安全可靠的产品。

消费者购买企业提供的产品是为了满足自己的物质和精神需求，而如果企业向消费者提供了有安全隐患的产品，不仅消费者的消费需求得不到满足，而且未来还要付出人身伤害和财产损失的巨大代价，这一切企业负完全责任。

2. 企业对消费者的第二个责任——尊重消费者的知情权和自由选择权。

在公平交易的前提下自由地选择产品。消费者的知情权和选择权是密切相连的，只有全面的知情权才有自由的选择权。任何消费者在购买产品之前有权通过产品的广告、宣传材料和产品说明书对产品的可靠性、性能等方面的知识进行全面的了解，以便在琳琅满目的商品中选择到自己称心如意的商品。企业如果在产品的广告、宣传材料和说明书中过分夸大产品的功效，对产品的不足之处极力隐瞒或只字不提；如果产品的说明书、标签与内容严重不符，这种企业以自身的信息资源优势隐瞒产品的不足、夸大产品功效的行为造成了交易过程中严重不公正，侵犯了消费者的知情权和自由选择权，是企业不尊重消费者，对消费者严重不负责的表现。

四、社区

企业与社区之间是一种相互交叉的你中有我，我中有你的关系，二者相互影响，不可分离。企业与社区建立和谐的关系对企业的生存发展和社区的进步繁荣具有重要意义。企业必须同其所在的社会环境进行联系，对社会环境的变化做出及时反应，成为社区活动的积极参加者。企业与社区之相互促进、共同发展。企业存在于一定的社区内，社区内的人员素质、文化传统对企业的员工素质和价值观有一定影响，良好的社区环境和高素质的人群是企业发展的有利条件。企业积极主动参与社区的建设活动，利用自身的产品优势和技术优势扶持社区的文化教育事业，吸收社区的人员就业，救助无家可归人员，帮助失学儿童等活动，不仅能为社区建设做出贡献，而且能为企业的发展打下良好的基础。企业为社区建设所做出的努力，会变成无形资产对企业的经营发展起到不可估量的作用。例如，企业积极支持社区的文化教育事业，提高了企业未来员工的素质；企业为消费者服务的宣传活动，拉近了企业与消费者距离，可以产生大量的回头客；企业热心于环保和公益事业，可以树立良好的企业形象。总之，企业积极承担社区责任，扩大企业的知名度，提高企业的良好声誉，所有这一切都会作为企业的无形资产在企业的经营中带来巨大的效益。企业通过社区架起了连接社会的桥梁，企业为社区所做的一切有益的工作都会对社会产生重大影响。企业积极参与社区活动履行了企业"社会公民"的职责，为社会的和谐、进步和发展尽一份力量。

五、环境

企业与自然环境的关系如同鱼水关系，二者谁也离不开谁。人类进入二十世纪，由于科学技术的飞速发展，严重破坏了环境。环境的污染、土壤的沙化、奇缺物种的减少、引起了世界各国的科学家的关心和重视，环境保护成为人类面临的迫切而严峻的问题。企业在环境污染中扮演了主要角色，因而，企业在消除环境污染，保护环境中肩负着不可推卸的责任。

1. 企业必须树立人与自然和谐的价值观。

努力做到尊重自然、爱护自然、合理地利用自然资源。工业社会奉行以人类为中心的自然观，认为自然只是我们认识和改造的对象，自然资源是取之不尽用之不竭的，因而导致对自然资源掠夺式的开发利用，严重地破坏了自然界的平衡，导致了全球范围内环境的急剧恶化。世界各国在工业化进程中都面临环境问题的挑战，发展中国家正在重复发达国家走过的路，理性而科学地对待环境问题，深刻反思人与自然的关系，成为当今时代世界各国人民必须面对的课题。1990 年联合国环境规划署针对世界环境问题，提出了八个关键的全球性的自然环境问题，并且郑重提出人是环境恶化的首恶，呼吁要走出人类中心卞义的误区，把人与自然的和谐作为人类活动的宗旨，树立尊重自然、爱护自然、合理地利用资源的正确的伦理价值观，为自然负责，为我们的子孙后代负责，为人类的未来负责。

2. 企业必须以绿色价值观为指导，强化绿色角色意识。

企业实施绿色管理，积极倡导绿色生产和绿色消费。绿色价值观是当今环保事业的新型价值理念，它以人与自然的和谐为宗旨，号召尊重自然、爱护自然与自然和谐相处，反对破坏自然和谐的任何态度和做法。企业要时时刻刻以绿色价值观为指导，树立绿色角色意识，把对环境负责和获取利润当成同等重要的问题来看待。任何生产投资计划和宣传计划一定要考虑到对环境有什么影响；在管理的过程中贯彻绿色价值观和绿色角色意识，设法改变产品的工艺流程，提高技术含量，降低污染指数；财务部门开发出有效的环境评估系统，计算出毁坏环境的潜在成本；营销部门积极倡导绿色消费理念，引导消费者走入合理健康、安全经济的消费轨道。

3. 企业要把绿色审计作为企业管理的一部分，进行严格的企业自我管理。

绿色审计就是把环境因素作为企业管理的重要内容，看一个企业搞得好不好，衡量一个企业绩效的高低，都要考虑对环境造成什么影响，影响到什么程度。但是，企业不能被动地等着别人来检查，在别人的监督下才考虑环境问题，而应当主动地自觉地担负起爱护环境责任，在企业的各项工作中严格自律，自我监督，自我检查，反思危害环境的任何不正确观点，杜绝任何危害环境的做法。

六、商业伙伴

在这里商业伙伴主要包括三大类：竞争对手、供应商和销售商。企业与商业伙伴的关系主要采取契约的形式，因此，企业首先要遵守契约内容。其次，公平竞争。企业与商业伙伴虽然是在以利益为纽带的市场关系，但是这种关系不能丧失公平竞争的底线。如果企业与竞争对手或者供应商采取恶性竞争的方式，不但给双方带来损失，而且对其他利益相关者带来影响，进而影响市场经济的良性运行，损害社会稳定持续发展。

第三节　企业家社会责任的契约性质

社会契约最初作为一种社会规范是自然而然地产生的。随着技术发展和工业文明的到来，企业家的出现，使人们自然而然地要求企业家去遵守有利于人类自身发展的最基本社会契约。

一、社会契约论视野中的企业家

企业与社会应当成为和谐统一的共同体。离开社会而孤立存在的企业是不可思议的，只求企业自身的发展，而不承担社会责任与义务，既不足取也是不可能的。企业既是经济的单元，又是社会的单元。它与社会有着千丝万缕的联系，是社会经济发展的历史产物，又是社会进一步发展的经济基础，反过来，企业的发展又有赖于社会的力量，需要社会为它的成长与发展创造良好的经济环境和其他外部条件。因此，在任何一点上，企业家和社会之间都存在一种基本的约定—社会契约。这个社会契约反映了企业家与社会之间的各种关系，有的是以法律的形式表现出来的，还有以其他形式出现的契约。企业的行为实际上就成了一组复杂契约系统的均衡行为，这种复杂的契约系统的主体就是一系列目标不同可能相互冲突的利益相关者。

从制度经济学看来，制度是一种人为设计的界定人们相互关系的约束机制。它既包括正式的约束机制，如规则、法律、法规，也包括非正式的约束机制，如行为准则、习惯、自我行为规范等。既然所有的制度安排都是显性契约和隐性契约的混合体，企业家作为制度安排的一种自然也不能例外，在构成企业的各种契约交汇中，显性契约和隐性契约也是并存的。例如，在雇佣契约中，雇主和雇员尽管可以就工作时间长度、从事的工作岗位、不同岗位的工资水平等做出明确的规定，但在大多数情况下，雇员对企业价值的贡献是难以客观加以衡量的，只能求助于各级管理人员的主观评价，而由企业管理人员或经营者对雇员的绩效进行评估，进而作为确定雇员报酬的根据，往往存在着"道德风险"的可能，即经营者可能会有意低估雇员绩效的价值，以减少企业的工资支付额。为此，雇佣双方事前必须达成一种隐性契约，而这种契约的实施是建立在双方的信任基础之上的。正是由于隐性契约的存在和有效实施，才补充和改进了显性契约的不足。从这个意义上讲，如果企业家只考虑某些利益相关者的显性契约而忽视了其隐性契约，或者是根本上就没有考虑另外一些利益相关者的利益要求，那么就会导致错误的企业家社会责任观。美国管理学家多纳德逊和邓菲将企业家与其利益相关者之间所遵循的所有契约形式总称为综合性社会契约，进而将企业家社会责任和企业家利益相关者的利益要求统一起来。他们认为企业家对利益相关者的利益要求必须做出反应，这是因为"企业是社会系统中不可分割的一部分，是利益相关者显性契约和隐性契约的载体"。倘若企业家忽视其社会责任，对其利益相关者的合理利益要求不作慎重考虑且尽量满足的话，那么这种企业的长久生存和持续发展就很成问题了（多纳德逊、邓菲，1999/2001）。

企业家的社会责任契约是利益相关者站在公正的立场达成的一致性行动的协议。然而，该协议重构了企业家的信托责任：由对股东的信托责任变为对所有利益相关者的信托责任。我们将企业产生类比为国家的起源。在不完全契约下，机会主义的存在将会导致利益相关者之间的双方交换会难以控制交易成本上升，进而无效率。同时，双方也完全没有关注交换的外部性—影响那些尽管没有参与交易却不可避免地受到影响的利益相关者。这就产生了在行动者之间的经济交换生活中的霍布斯主义的情节——"孤独的、贫穷的、肮脏的、野蛮的和短浅的"。于是，利益相关者就提出立下一项任何交换活动都必须遵守的协议，因此不再考虑契约成本。与此同时，那些不参与交换活动的外部不经济也将降到最低。企业家的"第一次社会契约"仅仅是利益相关者之间关于成立"企业"达成的一致性协议：1. 反对行动对不参与的第三方产生外部不经济。如果必须产生外部不经济，则必须补偿至使之保持中立状态。2. 生产剩余最大化。3. 剩余分配公平。每一个利益相关者都在自由、平等的状态下参与剩余分配的谈判。

然而，如果不考虑契约成本而试图达成这样一种理想的协议形式，从治理成本来看，就会在实际运行当中导致一种没有效率的组织形式。例如，利益相关者发现，在合理的时间内，所有的参与者在一起达不成一致性决定。由于缺乏监管体制，成员会发现按原来的协议就会公平地分享生产的剩余，因此就有动力采取机会主义，而不承担应该承担的责任。就这样，协调问题产生了，需要有一致性的战略改变彼此的信念和相应的预期。于是，利益相关者就签订"第二次社会契约"，既是"第一次社会契约"的治理结构，在这时候原来的协议形式的企业开始变为科层制企业。第二次社会契约是最大效率地授权给该利益相关者发挥治理功能：剩余分配的决定、当环境变化时制定应对方法、监管、惩罚以及消除搭便车现象等等。从这个意义上来说，第二次社会契约就是利益相关者与授予控制企业的一方的契约。在比较每一个利益相关者的治理成本后，选择最低的一方授予企业的所有权和管理权。这一方就是通常意义上的所有者。所有者会授权职业经理人管理企业。所有权和管理权的分离不但是管理界的一次革命，而且改变了企业利益相关者的博弈契约。第二次社会契约改变了利益相关者原来彼此平等的地位，他们要服从与所有者以及他的授权方。与企业理论的主流观点不同，社会契约理论认为企业存在欺骗的可能。因此，在第二次社会契约时，这种科层制定成本是可以预见的，因此利益相关者对所有者权威的服从并不是无条件的，而是必须以下列条件为前提：对非股东来说，企业首先应该做到对非参与交换的利益相关者不产生外部不经济或者补偿他们保持中立状态。其次，对参与企业交换活动的利益相关者应该让他们公平地分享公司的收益。第三，对股东来说，企业应该做到使股东的剩余权利益最大化。这样就产生了企业的"社会利益"这个概念，而不是原来狭隘的企业的"股东利益"。根据上述理论分析，管理者必须依据上述契约采取行动，由原来仅仅对股东负有信托责任转变为对所有利益相关者负有信托责任。因此，我们可以看出，所谓的股东利益最大化不是没有任何限制和约束的，而是在满足"第一次社会契约"和"第二次社会契约"的规定的前提下才能成立的。换而言之，股东利益最大化是在满足了利益相关者价值的前提下的最大化。

二、企业社会责任契约的层次性

对企业而言，社会契约具有不同层面的含义，其发挥的规范作用也是多层次的。一般而言，企业社会责任契约分为三个层面：超规范层面、多元层面和操作层面。

1. 企业社会责任契约的"超规范"层面

超规范的社会责任契约是指那些所有企业都必须接受的、人类对企业行为最基本的价值观上的要求。这种要求是内在形成的，是企业无法提出任何质疑的规范。"之所以说这种诚信是朴素的，是因为它还带有原始社会时期遗留下来的后来被休谟称为'公共感情'的东西。"按照来源和在社会契约中的作用，企业社会契约的"超规范"分为三类：程序性的超规范、结构性的超规范和实体性的超规范。

"超规范"社会责任契约是企业社会责任契约体系的核心，是其他契约的伦理基础。社会契约的"超规范"层面就是社会最基本的道德基础，即对生命和自由的尊重，人与人之间不能相互残杀，尊重人的基本权利。"道德的基本要素是全人类共同的道德信仰，如仁爱、诚实、守信、慷慨等。"否则，社会就会回到野蛮的状态，处于霍布斯所说的"全体人反对全体人的战争"中。另外，马克斯·韦伯在《新教伦理与资本主义精神》中分析了西方社会中宗教强调的责任问题，对人及企业的社会契约的形成影响十分深远："上帝应许的唯一生存方式，不是要人们以苦修的禁欲主义超越世俗道德，而是要人完成个人在现实里所获取地位赋予他的责任和义务。这是他的天职。"韦伯认为，这种对社会不可推卸的责任正是企业作为社会主体所必须遵守的最具代表性的社会伦理。

2. 企业社会责任契约的多元层面

企业社会责任契约因企业所处的政治、经济、文化、历史、制度不同而有所差异，不同地区企业所面对的社会契约会有所不同。不能否认，就全球范围来说，政治、经济和社会发展存在多元化，企业处在不同的地区其行为规范会有所差异。

3. 企业社会责任契约的操作层面

操作层面的社会责任契约大部分来自企业在应对不断变化的目标和环境时所做的决策。在这一过程中出现的真实行为规范，通常是公司、市场和各种交易形式所特有的。该层面的社会契约主要体现在两个方面：一是体现于为企业和行业内部有效、适当的行为而确立的行业规则，如反映了企业自身对诚信、环保等方面的一些自我要求；另一个则是一些企业设立的对各自要求而形成的企业价值观，他们通过设定自己的价值观，形成对社会的一种承诺，形成社会契约，进行自我约束。如企业圆桌会议和康克斯圆桌协议等。

三、实例：康克斯圆桌协议

康克斯圆桌协议是国际著名企业自发成立一个的自律组织所制定的企业社会责任规范。它关注的焦点是强调全球公司责任，强调共同遵守共同的道德价值。它信守六大原则：

1. 企业的责任

企业对社会的价值在于它所创造的财富和就业，及按与质量相称的价格提供给消费者的市场产品和服务。企业应肩负起这样的责任：即通过对所创造的利润在消费者、雇员和股东之间分享，以改善他们的生活。供应商和竞争者也希望企业能本着诚实信用的精神履行其义务。作为一个在其开展业务所在地、国家、地区和全球的负责任的实体，企业应对塑造上述地区的未来发挥作用。

2. 企业的经济和社会影响

走向改革、公正及世界社会在国外设立的从事开发、生产和销售的企业应当通过创造有效的就业和帮助，以提高当地居民的购买力，对这些国家的社会进步做出贡献。同时，企业还应当对东道国的人权、教育、福利和国家的繁荣昌盛等事业做出贡献。企业不仅应对东道国的经济、文化发展有所贡献，而且，在全世界范围内，应通过有效而谨慎地利用资源、自由而公平的竞争，革新技术、生产方式，市场营销和信息交流等方式对世界的经济、文化发展做出贡献。

3. 企业行为

遵守法律，信誉第一，在合法获取商业秘密时，企业应当认识到：真挚、坦诚、真实、守信用和透明度，不仅有益于企业自身的信用和稳定，而且，对保持世界性的商业贸易的畅通和高效率也大有裨益。

4. 尊重规则

企业应当尊重国际、国内规则，避免贸易摩擦，促进自由贸易，开展平等竞争，对所有贸易伙伴都一视同仁。

5. 支持多边贸易

企业应当支持关贸总协议及其他国际公约下的多边贸易体制。他们应通力合作以推进贸易的繁荣和正当的自有贸易，在给予某些国家的政策应有尊重的前提下，缓解不合理的妨碍全球贸易的国内措施。

6. 重视环境保护

企业应当保护环境，并在可能的情况下改善环境，促进适度开发，防止浪费自然资源。

7. 禁止非法活动

企业不应参与或者纵容贿赂、洗钱或其他贪污活动，事实上，企业应寻求与其他企业的合作以铲除贪污行为，企业不应与恐怖活动、贩毒或其他有组织犯罪者进行军火或其他物资贸易。

康克斯圆桌协议主张对利益相关者承担如下社会责任：

1. 客户

向客户提供与说明一致的优质产品和服务；在商业贸易的各个环节中公平对待所有的客户，包括提供高质量的服务及对客户不满意的服务进行补偿；尽一切努力以确保客户的健康和安全，同时，通过我们的产品服务，使客户生活的环境质量得以保持或改善；确保在提供产品推销和广告活动中尊重人格尊严；尊重客户的传统文化。

2. 雇员

提供可以改善工人生活条件的工作和给予补偿；提供尊重每个雇员的健康和人格尊严的工作条件；除受法律和竞争的限制，应与雇员坦诚交往，共享信息；尽可能听取和采纳雇员的建议、想法、要求和申诉；出现争端时，进行善意协商和谈判；避免歧视行为，不论雇员性别、年龄、种族和宗教信仰，确保平等对待，机会均等；在不同的工作岗位上，雇佣不同能力的人，确保人尽其才；防止雇员在工作岗位上蒙受可以避免的伤残和疾病；鼓励和资助雇员掌握相关和相通的知识和技能；并对经常与企业决策连在一起的严重失业问题保持敏感，当政府、雇工团体或其他代表机构合作并在关系出现脱节时，相互予以配合。

3. 所有人或投资者

实行谨慎和专门化管理，使投资者能获得公正而有竞争力的回报；除了受法律和竞争限制不能公开者外，应向所有人或投资者公开相关信息；保持、保护和增加所有人或投资者的资产；并且尊重投资者的要求、建议、申诉和正式决议。

4. 供应商

在全部商业活动中，包括定价和销售权限方面，力求公平和诚信；确保商业活动免受胁迫和不必要的诉讼；在还价、质量、竞争和可信度方面与供应商建立长期稳定的关系；与供应商分享信息，并将他们融于我们的计划进程中；按时并按照约定的交易条款向供应商付款；并且寻找、鼓励并优先选择在用工时尊重人格尊严的供应商和转包商。

5. 竞争者

建立贸易和投资的公开市场；促进有社会效益和环境效益的竞争活动，竞争者应相互尊重；禁止追求或参与可疑的付款或好处以获取竞争利益；尊重有形财产权和知识产权；并且拒绝通过不诚实或不道德的如工业间谍等方式获取商业信息。

6. 社区

尊重人权和民主机构，并在实践中推进其发展；协调企业与其他社会组织的关系，承认政府对社会所负的义务，并支持促进人类社会发展的公共政策和实践活动；与所在地区的旨在提高健康、教育、工作安全和经济富裕的社会力量合作；促进和开发生态资源，并在提高物质环境，保护地球资源等方面起到主导作用；支持和平、安全、多样化和社会完整；尊重地区文化的完整；并且在小区和民事活动中，通过慈善捐助、教育和文化赞助以及雇员参与等，做一个好法人。

参考文献

Becchetti and Ciciretti, 2006, Corporate Social Responsibility and Stock Marker Performance, CEIS Working Paper Vol. 27, No. 79.

Cochran, Philip L. and Wood, Robert A., 1984, Corporate Social Responsibility and Financial Performance, Academy of Management Journal, Vol. 27 (1), 42~56.

McWilliams, A. and Siegel, D., 2001, Corporate Social Responsibility：A Theory of the Firm Perspective, Academy of Management Review 26, 117-127.

Mitchell &Wood, "Toward a theory of stakeholder identification and salience：Defining the principle of who and what really counts", Academy of Management Review, 1997.

阿奇 B. 长罗尔，安 K. 巴克霍尔茨. 企业与社会伦理与利益相关者管理，北京：机械工业出版社，2004.

布伦勒，科齐赫兰. 企业利益相关者理论：企业与社会理论及研究中的应用，企业与社会国际学会 1991 论文集. 1991.

陈玉清，马丽丽. 我国上市公司社会责任会计信息市场反应实证分析. 会计研究 2005. 11.

科斯等. 契约的经济学，经济科学出版社，2000.

刘长喜. 利益相关者、社会契约与企业社会责任，复旦大学，2005.

第八章　企业家社会责任：
行为经济学的新解释

　　本书对企业家社会责任的分析，不局限于前人的管理学等研究基础，试图用新的视角——行为经济学来解读企业家责任感，本章通过介绍行为经济学特点和研究方法引入这一新的研究角度，并在之后章节用相应的相关理论详细分析企业家社会责任。

第一节　行为经济学的形成和理论渊源

　　"每个人都力求运用他的资本，生产出最大的价值。一般而言，他既不打算促进公共利益，也不知道促进多少。他只考虑自己的安全，自己的所得。正是这样，他被一只看不见的手引导，实现着他自己并不打算实现的目标。通过追求他自己的利益，他常常能够，与有意去促进相比，更加有效地促进社会的公益！"①

　　传统经济学的"经济人预设"就是基于亚当·斯密这段诗一样的

---

　　①　亚当·斯密. 国民财富的性质和原因的研究：下卷［M］. 郭大力，王亚南，译. 商务出版社，1979：25—27.

描述。人类的行为都是理性（Rationality）自利的（Self interested），因此会导致个人与社会整体福利水平的最大化：每个人不会抢劫，也不愿被抢，每个人都有捍卫自己合法利益的权利和能力。在这种预设和由此产生的一定规则内为自己打小算盘的结果，就是使全社会资源分配达到效用极大，也能使社会达到尽可能的公平。然而，基于这种假设经济学中的很多游戏，其结果看来像是"天方夜谭"。对于许许多多有关"经济人预设"的悖论，诸多经济学家都曾对所谓的"无穷理性"深刻质疑。

正是在这种对经济人苛刻条件"反思"的大潮中，行为经济学应运而生。行为经济学在通过对西方主流经济学（特别是新古典经济学）的反思和批判中兴起的，它试图在心理学关于人的行为的研究基础上，讨论经济活动的当事人的各种心理活动特征对其选择或决策模式的影响。不同的心理活动影响到相应的决策模式，从而表现出相应的行为特征，这些行为特征又通过决策后果反映到具体的经济变量当中。

行为经济学一开始是没有系统理论的，早期的探索不过是对新古典经济学不满而展开的反驳，比如卡托纳等人的研究就是如此。行为经济学家也不主张回到边沁的享乐主义传统，而是力求揭示行为的更广泛的心理基础。在这种前提下，行为经济学家一致同意，新古典经济学的个体主义方法论和主观价值论是无需怀疑的，需要改变的是关于行为研究的假定。这一点被西蒙在20世纪50年代所倡导。西蒙认为，新古典经济学的行为假定忽视了现实的人的真实行为特征，现实的人的决策面临有限理性的约束，这种约束表现在两个方面：一是当事人的计算能力是有限的，不可能像新古典经济学所假定的经济人那样全知全能；二是当事人进行理性计算是有成本的，不可能无休止的计算。在理性约束下，当事人就无法找到最优解。

西蒙的早期研究给后来的行为经济学家很大的启发，尽管两者之间仅仅存在"有限理性"这一概念上的关联。行为经济学的发展得益于心理学本身的进步，心理学从过去的享乐主义传统过渡到科学的实证主义研究，对大脑的看法也从过去的刺激—反映型行为观过渡到信息处理和配置机制观，心理学的研究深入到神经元的构造和有序性，这些研究对行为的理解大大加深了。正是在这种背景下，行为经济学家把心理学的研究方法和理论与经济学有机结合，才逐步形成了现有的理论构架。下表简单比较了行为经济学和新古典经济学的异同。

表1　行为经济学和新古典经济学比较

类　别	硬核	保护带	研究方法
新古典经济学	理性经济人假定；偏好和禀赋分布外生；主观价值论；交易关系为中心等	均衡；边际效用或产量递减；要素和产品自由流动；要素和产品同质；价格接受者等	方法论个体主义；边际分析方法；静态和比较静态分析为主；线性规划和动态规划
行为经济学	有限理性当事人假定；可能追求利他行为和非理性行为；偏好和禀赋内生；学习过程；主观价值论等	非均衡；非线性效用函数；要素和产品异质；随机性；路径依赖；现实市场和组织；有限套利等	方法论个体主义；演化分析；非线性规划；实验和微观计量为主

资料来源：周业安：《行为经济学是对西方主流经济学的革命吗?》，载《中国人民大学学报》，2004年第2期。

通过假定有限理性和偏好、禀赋内生化，即使在主观价值论下，行为经济学仍然表现出和新古典经济学非常不同的理论硬核：首先，行为经济学彻底改变了新古典经济学中静止的理想化的理性经济人假定，代之以演化的有限理性的现实当事人假定，通过假定的改变，行为经济学家眼中的当事人不再仅仅自利，人们会考虑利他，也可能冲动，采取非理性行为等。在行为经济学中，偏好的内生和演化带来了异常行为及其相伴随的学习过程，按照阿克洛夫的说法，这会导致近似理性，或学习中的理性。在这些基本假定的指导下，行为经济学从选择及相应的决策行为出发分析问题，这种分析能够单一针对某种具体行动，比如消费，也可同时分析某几个行动，比如消费和生产。而新古典经济学只能从交易出发来分析问题。其次，硬核的差异也会反映到保护带上，行为经济学不再需要假定要素产品同质，也不再需要假定市场充分流动或充分套利，有限理性的当事人本就不同，面临复杂环境不可能实现完美套利，也就不可能获得一种线性效用函数关系。在行为经济学家看来，决策过程中可能出现路径依赖，可能出现随机选择，而不像新古典经济学那样假定均衡存在。

第二节 行为经济学的基本观点

行为经济学又称为"心理学的经济学"或"心理学和经济学"，就是在心理学的基础上研究经济行为和经济现象的经济学分支学科。2001 年，美国经济学会（AEA）将该学会的最高奖克拉克奖（Clark Medal）颁给了加州大学伯克利分校的马修·拉宾（Matthew Rabin）。这是自 1947 年该奖设立以来，首次给研究行为经济学的经济学家授奖。2002 年，诺贝尔经济学奖授予了两位行为经济学的代表人物——美国普林斯顿大学的卡尼曼（Daniel Kahneman）教授和乔治梅森大学的史密斯（Vernon Smith）教授。两位教授因"把心理学研究和经济学研究有效地结合，从而解释了在不确定条件下如何决策"以及"发展了一整套实验研究方法，尤其是在实验室时研究市场机制的选择性方面"的杰出贡献而获此殊荣。随着诺贝尔奖的授予，行为经济学渐为主流所接收。

行为经济学家认为，经济当事人进行理性决策，但理性是不完美的；经济学研究必须合理假定当事人的认知能力；经济模型的预测应该和决策的微观水平数据一致，包括实验数据；经济学家对当事人选择行为的讨论必须建立在心理学基础上。

行为经济学的核心观点如下：经济现象来自当事人的行为；当事人进行理性决策，但理性是有限的；在有限理性的约束下，当事人的决策不仅体现在目的上，而且体现在过程上；在决策过程当中，决策程序、决策情景都可以和当事人的心理产生互动，从而影响到决策的结果；个体决策结果的变化导致总量结果的变化，对经济总量的理解来自对个体行为的理解；有限理性和学习过程会导致决策的偏差以及结果演变路径的随机性，从而产生异常行为，这种异常行为增添了经济现象的复杂性，同时加剧了有限理性的约束。

在行为经济学当中，决策心理特征、行为模式和决策结果相互之间是互动的和关联的，存在许多决策反馈机制，一旦考虑到这点，新古典经济学关于偏好稳定的基本假定就被推翻了，在这些互动过程中，偏好在一些条件下被产生出来，并在和环境变化的互动中演化着，这就构成了当事人围绕偏好演化的学习过程。学习过程的存在使得行为经济学从一开始就是动态的分析，而不像新古典经济学那样重视静态和比较静态分析。行为经济学强调当事人认知能力的局限和偏好的内生性，强调决策作为一个学习过程的动态变化。

从这些基本观点看，行为经济学是对新古典经济学的反叛。但大多数行为经济学家承认其研究是对新古典经济学的改进或修正，而不是革命。行为经济学的宗旨是让经济学更现实，更具解释力。

第三节　行为经济学的研究方法

为了研究贯彻其基本观点，行为经济学家需要寻找恰当的方法及方法论来理解现实的当事人的行为的心理基础。行为经济学的前提是，人并非完全理性自私，人的决策除受客观因素影响之外还受其心理因素影响。行为经济学的参照系是拇指法则（源自认知心理学）。心理学在 20 世纪中叶的发展给经济行为的研究带来了契机。一些心理学家和经济学家开始在实验室中测试实验对象的动机、环境特征和行为之间的相互关系，以此来揭示当事人决策的规律。这些学者对新古典经济学把心理学和当事人决策行为人为割裂非常不满，于是从重复检验新古典经济学理性经济人所需的各项假定入手，逐步反驳其理论硬核。这种早期的实验研究给经济学带来了很大的冲击，但行为经济学自身也很脆弱，因为实验数据能否在统计上显著反映总体的特征是存在争议的，并且实验数据也很容易被实验者操纵。借助于麦克法登等人对微观计量经济学技术的发展，以及各种计算机模拟和计算技术的出现，行为经济学家开始借助新的工具来研究行为问题，比如采用市场数据研究金融市场上当事人的行为；采用场分析（field data）研究特定类别当事人的经济行为等。

有效借助于可控实验、调查等自然科学和社会学的方法，通过实验获得的数据得出结论或检验并修正先验理论。实验方法和微观计量方法的广泛应用，使得行为经济学可以在放弃新古典经济学的边际分析方法的基础上，寻求各种非线性的和动态的求解方式和经验实证方式。即使在坚持方法论个人主义的基础上，行为经济学仍然能够有效处理有限理性、偏好和禀赋内生等问题，比如演化分析和行为博弈分析等，就能够很好地处理学习过程中的随机性、路径依赖性、角点解等问题。

行为经济学作为一门边缘学科，它的成长离不开其他相关学科的发展。本书为大家简单介绍一下相关学科，这体现了社会科学之间的联系和经济学博大的胸怀。

1. 认知心理学

认知心理学的奠基人之一是赫伯特·西蒙（Herbert Simon），他同时是一个举世闻名的经济学家，由此可见认知心理学与经济学有着天然的渊源。认知心理学研究认知，即是你能够感知、使用语言、推理、解决问题、判断和决策的心理过程和结构。认知心理学从认知的观点考察行为，他们认为人们行动是因为他们思考。人的行为只能部分地由先前的环境事件或行为结果所决定，一些最重要的行为是从全新的思维方式中产生的。个人对现实的反应可能与客观世界不符，但和个人思维和想象的内部世界中的主观现实是一致的。行为经济学中几乎所有对非理性的分析理论都来源于认知心理学。

另外，心理学上把人的普遍价值叫做共效测度，承认人的动机多元（主要是四对元动机状态：有目的和超越目的；顺从和逆反；控制与同情；自我中心与他人取向）以及情绪的作用。对于情绪，耶克斯道德逊定理（Yorks-Dodson Law）认为，越高难度的工作所需要的唤醒水平（情绪影响）越低，另外情绪对于认知的影响具有一致性。这些都是行为经济学解释行为的常见理由。

2. 实验经济学

实验经济学是利用受控实验对已有的经济理论进行检验或发现经济规律。实验经济学的基本原理：①价格诱发原理，即利用报酬手段诱发实验参与者的基本特征。这个原理的适用前提是实验主体满足单调性（Monotonicity）、突显性（Saliency）、优越性（Dominance）。②并行原理（Parallelism），一个关于个人行为及制度执行的命题，如果在实验的微观经济中已被证实，那么在其他条件不变的同样状况下，在离开实验室的微观经济学中仍然适用。

实验经济学的方法主要有：实验室交易制度设计（主要指的是各种不同的拍卖方式，如双向拍卖、荷兰式拍卖、英国式拍卖等）；受控实验中被试对象、规模的选择以及报酬支付；实验的计划和实施（包括实验的指导语、实验变量、不可控制变量的随机化、控制干扰变量的偏差等等）；分析结果得出结论。

3. 制度经济学

行为经济学可以为制度经济学做很多贡献。随着经济学由"物"转向"人"，经济学越来越多地关注制度问题，所以有必要简单介绍一下制度经济学。"所有人际交往都需要一定程度的可预测性。当人们受规则（制度）约束时，人们的行动就较可预见……经济交易不可能在真空中进行……信任以一种秩序为基础。而要维护这种秩序就要依靠各种限制不可预见行为和机会主义行为的规则，我们称这些规则为制度。"——柯武刚、史漫飞：《制度经济学—社会秩序与公共政策》。

制度经济学研究既定需要和配置既定资源的条件，制度经济学想为经济运行构建一个效率、公平、权衡得当，并为人们所接受的良好的运行框架。制度经济学和行为经济学一样认为人们有普遍价值：个人免受恐惧和强制的自由；公正；和平；经济福利；宜人的自然环境和社会环境。

然而，行为经济学并不是一个统一的理论，而是许多工具和思想的结合。"一个工人也许依赖一个简单的工具——比如说，一个重型钻机——但是也可能用很多不同尺寸钻头来完成不同的工作。那么，这到底是一个工具呢，还是很多工具呢？"（Camerer & Loewenstein, 2002）Arrow（1986）指出，经济学模型并没有从单纯的效用最大化中推演出很多预测的方法，准确性恰恰是由钻头决定的——就像在资产定价模型中，采用时间附加的离散型偏好，并将子女的效用加总到父母的效用中去解释遗产；一些申请中的预期理性以及在其他领域中的适应性预期，在捆绑销售中的类似偏好；在一些市场中的定价；以及一些博弈性的分析等等。在一些情况中，这些个案甚至是自相矛盾的——例如，在遗产模型中抛弃了完全的自利，但是生命周期储蓄模型中却保留了；股票市场的假设是风险厌恶，而赌博市场的假设是风险偏好。这些矛盾其实就是特殊和一般之间的矛盾，它们是对付不同工作的不同工具。行为经济学的目标是发展解决尽可能多问题的更好工具。

第四节　对企业家社会责任的解读

"有限理性"的企业家，是行为经济学对企业家的概括认识，从这个意义上，行为经济学对企业家社会责任有着突出的解释力。以初级的企业家社会责任中的对员工负责为例，劳动市场的各种相关分析，对比如下：传统的劳动经济学最简单的假设就是短期内劳动力的供给曲线是向上倾斜的。行为经济学却经常出现反例。例如雇用学生来做一份乏味的工作，分别付给他们低的计件工资、高的计件工资，或者不付计件工资。我们惊奇地发现获得较低计件工资学生的生产率是最低的。行为经济学认为付计件工资这一行为本身使学生认为他们是为了钱而工作，当钱的数量又很少时，他们就会觉得不值得努力工作。再例如，为了避免家长过晚来接孩子，一个托管中心制定了针对家长迟到时间的罚金，但这一措施却恶化了家长来晚的现象。行为经济学推测缴纳罚金以单纯的货币支出消除了晚来所造成的道德罪恶感，同时一些家长认为这样的支出是值得的。这一结果表明当道德因素掺杂在行为之中的时候，价格变化的结果与经济学的理论往往有很大的不同。

在主流经济学中，劳动市场起着理解微观厂商决策和宏观总供给的枢纽作用，但由于完全竞争的要素市场假定下，现实的劳动市场行为只能通过垄断、信息不对称等条件的放松来说明，使得劳动决策和其他决策无甚差别。行为经济学对此提出了挑战，新的理论指出，劳动决策涉及当事人在动机和物质激励之间的权衡，而不仅仅在劳动和闲暇间权衡；当事人在决策时会运用启发式，从而形成习惯等，这种习惯因素会影响到激励效果；当事人是损失厌恶的，会寻求组织内的安定和忠诚，过度的变化会降低道德水平等。新的理论更注重当事人的偏好特征和习惯等对劳动市场的影响，注重劳动关系中的互惠、公平、平等和感情因素，注重决策情景的构造，这就使得行为经济学中的劳动市场政策是人性化的，而不像主流经济学那样只有货币和非货币激励和约束制度的调整。

第一，面对环境的变化，雇员会如何反应？行为经济学的研究发现，雇员是损失厌恶的，对同样一个任务，雇员接受时的报价和放弃时的报价不同，他们更在乎失去的东西。大量的实验经济学和场数据均证实了这一点。损失厌恶一方面说明雇员对现有工作和报酬的关注，解雇、降职及减薪对其构成有效约束，但另一方面也说明，如果过度采取约束政策会降低雇员的道德水平，因此，正向激励更重要。

第二，雇员经常拒绝对变化的认识，面对可能的变化会产生惰性。特别是雇员会在工作中养成各种习惯，进而扭曲其判断。这一点特别反应在激励中，如果一个雇员原先的报酬水平是1000元/月，现提高到2000元/月，那么一开始雇员积极性会很高，但时间一长，雇员习惯了这一收入水平，则提高收入政策就失效了。也就是说，习惯和惰性的存在导致一次性激励政策仅仅具有暂时的效果。因此，行为经济学主张持续的相对小幅度的激励制度。

第三，"挤出效应"。主流经济学仅仅注意到相对价格变化带来的挤出问题，比如政府支出可能通过利率变化挤出私人投资。但行为经济学则注意到当事人在决策时也面临挤出问题，即高强度货币激励或处罚过严会挤出当事人的动机，导致当事人工作的自觉性下降等，从而弱化了激励效果。这种挤出可能来自当事人对物质激励和处罚与内在动机之间的权衡，如果激励约束制度过严，会压缩个人的自我控制范围，从而导致当事人的自觉和自尊心理受损，迫使人们弱化所控制的活动中的内在动机，结果降低了其生产率；反之，如果是对当事人正向精神激励，就可以使其感到大家的支持，从而强化其自尊心理，提高其行动自由，进而扩大了其自觉心理感受，提高了其生产率。所以，在劳动关系管理上，应更重视物质激励和约束的适度性，更多地采取精神激励和正向激励。

第四，在一个组织内部，报酬制度的设计要贯彻公平和互惠原则，如果内部报酬结构不公平、不透明，对于人力资本比较重要的雇员来说，其道德水平就会下降。进一步看，如前所述，企业会维持一个相对的名义工资刚性，以避免损失厌恶和货币幻觉的雇员降低其道德水平。因此，一个组织应该通过文化和公平的报酬制度来获得雇员的认同，并形成雇员的组织自豪感，从而提高雇员的自我满足水平。

参考文献

Akerlof, George A. , Behavioral Macroeconomics and Macroeconomic Behavior, American Economic Review, 2002, 92: 411—433.

Barberis, Nicholas & Richard Thaler, A Survey of Behavioral Finance, University of Chicago, 2002, working paper. http: //www. nber. org/papers/w9222.

Benjamin, Daniel J. & David I. Laibson, Good Policies for Bad Governments: Behavioral Political Economy, Federal Reserve Bank of Boston, Behavioral Economics Conference paper, June, 2003.

Berg, Joyce, John Dickhaut & Kevin McCabe, Trust, Reciprocity and Social History, Games and Economic Behavior, 1995, 10: 122—142.

Camerer, Colin F. , Behavioral Game Theory: Experiments on Strategic Interaction, Princeton University Press, 2002.

Robyn M. Dawes, Social Dilemmas, Annual Review of Psychology, 1980, 31: 169—193.

Fehr, Ernst & Urs Fischbacher, Third Party Punishment and Social Norms, working paper, No. 106, Institute for Empirical Research in Economics, University of Zurich, 2000. http: // www. iew. unizh. ch/wp/iew-wp106. pdf.

Fehr, Ernst, Georg Kirchsteiger & Arno Riedl, Does Fairness prevent Market Cleaning? An Experimental Investigation, Quarterly Journal of Economics, 1993, 108: 437—460.

Fehr, Ernst & Klaus M. Schmidt, A Theory of Fairness, Competition and Cooperation, Quarterly Journal of Economics, 1999, 114: 817—868.

Guth, Werner, Rolf Schmittberger & Bernd Schwarze, An Experimental Analysis of Ultimatium Bargaining, Journal of Economic Behavior and Organization, 1982, 3: 367—388.

Kahneman, Daniel & Amos Tversky, Choices, Values and Frames, Cambridge University Press, 2000.

Kahneman, Daniel, Jack L. Knetsch & Richard Thaler, Fairness as a Constraint on Profit Seeking: Entitlements in the Market, American Economic Review, 1986, 76: 728—741.

Ledyard, John, Public Goods: A Survey of Experimental Research, Chap. 2, in Alvin Roth & John Kagel, ed. Handbook of Experimental Economics, Princeton University Press, 1985.

Lewin, Shira B. , Economics and Psychology: Lessons For Our Own Day From the Early Twentieth Century, Journal of Economic Literature, 1996, 34: 1293—1323.

Loewenstein, George, Because It Is There: The Challenge of Mountaineering. . . for Utility Theory, Kyklos, 1999 52 (3): 315—344.

Rabin, Matthew, Economics and Psychology, Journal of Economic Literature, 1998, 36: 11—46.

熊秉元：《刻画经济人》，《经济学家茶座》，2002 年第 2 期.

亚当·斯密：《国民财富的性质和原因的研究》，郭大力、王亚南译，商务印书馆 1997 年版.

亚当·斯密：《道德情操论》，蒋自强、钦北愚译，商务印书馆 1997 年版.

柯武刚、史漫飞：《制度经济学—社会秩序与公共政策》，商务印书馆 2000 年版.

理查德·格里格、菲利普·津巴多：《心理学与生活》，王垒等译，人民邮电出版社 2003 年版.

薛求知、黄佩燕、鲁直、张晓蓉等：《行为经济学——理论与应用》，复旦大学出版社，2003 年版.

周业安:《行为经济学是对西方主流经济学的革命吗?》,《中国人民大学学报》, 2004 年第 2 期.

赵琼. 国外企业社会责任理论述评——企业与社会的关系视角, 广东社会科学, 2007 年第 4 期: 172 ~ 177.

董志勇,《行为经济学》, 北京大学出版社, 2005 年.

第九章　前景理论与企业家社会责任感

第一节　选择时的参照点和禀赋效应

前面我们已经概括介绍了行为经济学的主要观点及其研究方法，这一章中我们将把主要精力放在行为经济学的一个重要理论——前景理论（Prospect Theory）上，并运用前景理论对企业家的社会责任感进行解析。

一、参照点的选择

提到参照点（Reference），人们通常会联想到物理学中的参照点。事实上在人们日常生活中，参照点无处不在。为了对一个陌生的或者不熟悉的事物进行评价，人们都会拿一些自己熟悉的东西进行比较，否则就很难做出恰当的评价。比方说，我们第一次去买笔记本电脑，总会向身边的朋友询问他们购买时的价格和配置，以此为依据到市场上去进行选择。就算我们不问朋友也会在商场内多转几圈，得到一个大概的均价才会进行购买。经济学作为一门研究人们在市场上所作抉择的学科，在以往的研究中却忽视了参照点的选择，认为效用的衡量是绝对的，这样做的后果是理论上非常完美的结果运用到实际生活中却不再成立了。下面我们来看一个小实验，从中将会得到我们需要的结果。

实验　1

行为经济学的鼻祖 Tversky 和 Kahneman（1974）在大学中做了若干个如下类似的实验：给实验者一段描述，然后给出一张8个职业的列表，让实验者进行排序，最有可能的职业为1，否则为8。描述部分如下：

"琳达非常聪明且外向，31岁，单身，大学里主修哲学。学生时她非常热衷于关于社会公正和偏见的问题，而且参与了几次反核武器游行。"

然后实验者被出示一张职业列表如下：

1. 琳达是小学老师；

2. 琳达在书店工作且学习瑜伽；

3. 琳达热衷于女性运动；

4. 琳达是一个致力于精神病治疗的社会工作者；

5. 琳达是妇女投票者协会的会员；

6. 琳达是一位银行出纳；

7. 琳达是一位保险推销员；

8. 琳达是一位银行出纳且热衷于女性运动。

实验结果如下显示（括号内为排名的平均值）：

1. （5.2）琳达是小学老师；

2. （3.3）琳达在书店工作且学习瑜伽；

3. （2.1）琳达热衷于女性运动；

4. （3.1）琳达是一个致力于精神病治疗的社会工作者；

5. （5.4）琳达是妇女投票者协会的会员；

6. （6.2）琳达是一位银行出纳；

7. （6.4）琳达是一位保险推销员；

8. （4.1）琳达是一位银行出纳且热衷于女性运动。

实验中，有 80% ~90% 的人把选项 8 排在 6 的前面，而且无论是否学过统计学，也无论是本科生还是研究生，所得结果都几乎相同，这就是一个明显的与理论不符的例子。事实上，由于我们所给的描述并没有提供任何对于判断琳达是何职业有提示的信息，因此在做选择时只能凭借概率上的知识。这样比较起来，琳达的职业是选项 8 比 6 其实概率更低，因为 8 是两个独立事件，而 6 只是一个独立事件。从中我们可以得出一个小小的结论，那就是人们在做选择时以之前的描述作为了"参照点"，虽然这段描述可以说是毫无信息量的。

由此可见，在经济学的研究中引入参照点是多么的重要，而参照点正是前景理论的重要组成部分，正是在参照点的基础上，Tversky 和 Kahneman 发展出了一套完整的行为经济学体系的基础。不同于期望效用理论（Expected Utility Theory），前景理论认为人们在面对获得和损失时的效用是无法用一个效用函数衡量的，这在下面也会得到详细的讲解。总体来说，前景理论的效用函数形状如下图所示：

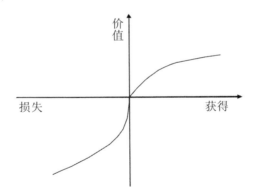

图 1 前景理论的效用函数

按照 Tversky 和 Kahneman 的理论，人们在选定参照点以后才对某件事物进行评价，由于参照点不同，对于同一事物的态度也就截然相反。比方说，一个学生某次考试的成绩为 80 分，如果他的目标是几个万岁，那么 80 分就好比是天堂一般；而如果他的目标是 90 分甚至是100 分，那这个分数无疑会让他非常失望。在这个例子中，如果参照点是 60 分，也即把 60 分当作图 1 中的原点，那么 80 分就在横轴的右边，取得了正的效用；如果参照点是 100 分，那么 80 分就在横轴的左边，取得了负的效用。值得注意的一点是，同样偏离原点 20 分，所得的效用差异绝不相等，可以发现，当你面对同样数额的损失和获得时，得到的负效用要比得到的正效用在数值上更多，这就是下面我们要介绍的损失厌恶（Loss Aversion）。

二、损失厌恶和禀赋效应

损失厌恶指的是人们在面对损失时，往往感觉更加痛苦。从下面的实验中，我们将可以观察到损失厌恶这一现象。

实验　2

该实验分为两个小实验，在每个小实验中实验者将会面临两种选择。

a. 假设现给你 1000 元，你面临两种选择：1，得到 500 元；2，抛硬币，若正面朝上则再得 1000 元，否则一分不得。你会如何选择？

b. 假设现给你 2000 元，你面临两者选择：1，损失 500 元；2，抛硬币，若正面向上则损失 1000 元，否则不损失一分钱。你会如何选择？

按照期望效用理论，在 a 实验中，期望效用是得到 1500 元，而在 b 实验中，期望效用也是 1500 元，那么实验者在这两个实验中应该做出相同的选择，但事实证明，经典理论又一次出错了。事实上，大多数实验者在 a 实验中选择的是 1，而在 b 实验中选择的是 2，实验者做出上述选择就是出于损失厌恶的心理。心理学教授巴里．施瓦茨（Barry Schwartz）说："正是这种心理导致了人们长时间的持有赔钱的股票，而不是赚钱的股票。人们老是认为，一笔糟糕的投资在你卖掉股票之前还不能算是损失。"事实上，Kahneman 和 Tversky（1979）进一步发现了更为复杂的情况，总结如下：

获得的可能性比较大时人们倾向于风险规避；获得的可能性比较

小时人们倾向于风险偏好；损失的可能性比较大时人们倾向于风险偏好；损失的可能性比较小时人们倾向于风险规避。这就是所谓的"确定性效应（Certainty Effect）"：确定性增加了对于损失的规避程度和获得的偏好程度。

由"损失厌恶"所导出的另一个概念就是大名鼎鼎的"禀赋效应（Endowment Effect）"，该效应最早是由 Thaler 在 1980 年发现的。一个经典的实验就是"瓷杯实验"，它说明了人们在将要获得一样东西时，会认为这样东西比自己尚未拥有时更具有价值。董志勇（2005）在中国人民大学重做了这一实验，得出的结果与前景理论的预测相同。

实验 3

发给第一组学生（卖者）每人一个价值 5 元的杯子，并规定这些学生已完全拥有他们得到的杯子，而且这些学生有权利将这个杯子以自己能够接受的最低价格（willingness to accept，WTA）卖掉，或者带回家。另一些没有杯子的学生（选择者）则有权利选择一个杯子或一笔钱（willingness to pay，WTP）。

实验结果显示，"卖者"可以接受的平均最低卖价为 7.22 元，而"选择者"能够接受的最低平均价格为 3.22 元，另一组同样的实验结果为 7.1 元和 3.45 元。

在这一实验中，由于"卖者"把杯子视为自己的禀赋，因而选取的参照点与"选择者"大相径庭，受到"禀赋效应"或者"损失厌恶"心理的影响，他们更加倾向于保有杯子，而不是轻易转手，因此"卖者"的出价明显高于"选择者"。

然而，有许多反对者对此提出种种质疑，他们怀疑这种效应仅仅在实验室中存在，一旦放到现实的市场环境之中，交易双方能够通过学习弥补信息或经验上的不足，禀赋效应就会由此消失。Knez，Smith 和 Williams（1985）认为买卖双方之间的差价可能是由于讨价还价过程中双方草率的决定造成的，而 Coursey，Hovis 和 Schultze（1987）试图利用实验来说明买卖差价会在市场条件下逐渐减少。因此，Kahneman，

Knetsch 和 Thaler（1990）针对反对者的意见，重新设计了一系列新的实验对禀赋效应进行了充分的证明，由此禀赋效应在经济学中的地位正式确立。

禀赋效应为前景理论的成立奠定了实证的基础，因为只有存在禀赋效应，才能说明人们在面对获得和损失时的效用函数是不同的，也就是说只有当禀赋效应存在时损失厌恶才会成立。以此为前提，才能定义前景理论中的效用函数，我们以后展开的各种讨论才有意义。下面，我们将对禀赋效应进行更加详尽的介绍，以使读者可以了解得更加清楚。

Kahneman 和 Tversky（1991）依据禀赋效应，研究了消费者在无风险偏好情况下的选择理论，并从图形上给出了无差异曲线。传统的消费者决策模型假设偏好不取决于当前拥有的财产水平，这种假设大大简化了个体选择和交易预测的分析，但是却不符合实际生活中的真实情况。事实上，人们在进行抉择时，初始财富是很重要的一个考虑因素，参照点在人们做消费选择时扮演着关键的角色。

回顾之前的"瓷杯实验"，Kahneman 和 Tversky 运用了如下的图来解释实验者的行为。当以 T 为参照点时，X 和 Y 位于同一条无差异曲线上，即二者无差异。但是若以 X 为参照点，则消费者更加偏向于 X，反之则偏向于 Y。

我们把"瓷杯实验"中实验者的初始状态设在 T 点，拥有杯子的状态位于 X 点，拥有 5 元的状态位于 Y 点。所以，当"卖者"把杯子据为己有时，其参照点就从 T 点转移到了 X 点，这时，"卖者"对于杯子的评价就高于 5 元钱（即 Y 点），从而他们的平均出价就高于 5 元，大约为 7 元。也就是说，人们对于任何自己认为是属于自己的东西都比那些被认为是不属于自己的东西有更高的评价，这种差异被称作是"现状偏见（Status Quo Bias）"（Kahneman，Knetsch &Thaler，1991）。人们经常因为不愿意改变现状而不能适应不断变化的社会。之后也有很多的行为经济学家对"禀赋效应"或"现状偏见"进行了许多相关的实验，包括 Knetsch 和 Sinden（1984）以及 Samuelson 和 Zeckhauser（1988），都证实了"现状偏见"是确实存在的。

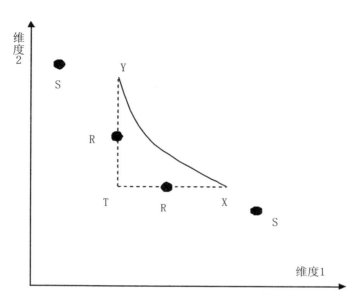

图2 参照点不同情况下的无差异曲线

因此，在我们对于企业家社会责任感的探讨中，加入前景理论是必要的而且很有意义，这将使得我们的分析更加贴近于现实，而不是流于空谈。

第二节 社会责任中的前景理论

在关于企业家社会责任的讨论中加入前景理论，我们将主要针对企业家为何承担或不承担社会责任进行研究，这也是本书的一大重点，因为只有真正了解企业家的心理和行为才能采取恰当的措施来对企业家进行激励，以使他们更好地承担社会责任。我们将运用简单的理论来试图对这一复杂问题进行有效地解释和说明。

一、前景理论的效用函数

前景理论的效用函数不同于期望效用理论的效用函数。由 Von Neumann 和 Morgenstern 创立的期望效用理论是现代经济学的基础，而由此提出的效用函数也是现代经济学分析的基本工具。但是期望效用理论的效用函数的得出必须建立在三个严格的公理之下，他们分别是：序公理、连续性公理和独立性公理，这些公理无法得到证明，而且现实生活中这些公理很有可能是不存在的，事实上，人们的大多数行为都是违反部分公理的。因此，虽然期望效用理论在经济学的发展过程中发挥了相当重要的作用、占据了显赫的地位，经济学家们仍然在努力寻找一种新的效用理论以弥补期望效用理论的不足，而前景理论就是众多尝试之一。

期望效用理论描绘了理想世界中完全理性人的行为特征，而前景理论则描述了现实生活中的实际行为。首先，我们回顾一下期望效用函数。一个人拥有财富 W，他有一张彩票 T，有 p_i 的概率得到 w_i 的财富，则该人的效用 $U = U\left(\sum_{i=1}^{n} p_i \times (W + w_i)\right) = \sum_{i=1}^{n} p_i \times u(W + w_i)$，其中 $\sum_{i=1}^{n} p_i = 1$。前景理论的效用函数与之类似，但是更为复杂，因为它还考虑当前的财富水平，即参照点。以上为例，由于该人已经拥有财富 W，因此他在进行选择时把 W 看作保留效用 $U = \sum_{i=1}^{n} \pi(p_i) \times v(w_i)$ 而不参与到实际效用的评价中去，因此，前景理论中的效用。值得注意的是，$u(W + w_i)$ 变成了 $v(w_i)$ ——价值函数（value function），而概率 p_i 则被 $\pi(p_i)$ ——权重函数（weighing function）所代替。这两处小小的变动就体现了前景理论将禀赋效应和损失厌恶加入到了效用的评价中去。

一般而言，价值函数可以简单写成如下形式：

$$\begin{cases} v(x) = |x|^{\alpha}, & \text{当 } x \geq 0 \text{ 时} \\ v(x) = -\lambda \cdot (x)^{\alpha}, & \text{当 } x < 0 \end{cases}$$，其中设定 $\lambda > 1$ 以体现出损失偏好。

价值函数的衡量取决于参照点的水平，而非传统理论中的"一锅端"。经典的行为经济学家们认为，在面对获得时价值函数是凹的，而面对损失时价值函数是凸的，因此，α 被认为是小于 1 的。从前面的图 1 中我们可以看得更加直接。

权重函数是一个较为陌生的概念，根据实验经济学家的观察，权重函数一开始是凹的然后是凸的，因此具体的函数形式较为复杂，我们在这里就不再举例了，但是通过下面的图 3 可以对权重函数有一个印象上的认识。

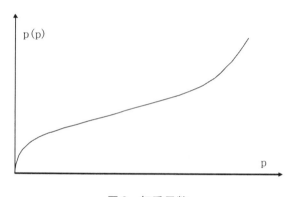

图 3　权重函数

π 是 p 的增函数，且 π（0）=0，π（1）=1，凹凸性则体现在如下的函数关系上：

对于较小的 p 值，π（rp）> rπ（p），其中 0 < r < 1。虽然如此，Kahneman 和 Tversky（1979）却观察到一个有趣的现象，即对于任意 0 < p < 1，有 π（p）+ π（1 - p）< 1。

经过上面的简单介绍，我们已经明显发现前景理论与期望效用理论是多么的不同。事实上，要真正的获得价值函数和权重函数并不是一件容易的事情，所以，通常采用以下的简化形式：
$$\begin{cases} v（x）=x，当 x \geq 0 \\ v（x）=\lambda x，当 x \leq 0 \end{cases}，π（p）=p。$$
利用这种简单的形式，我们可以对一些简单的现实问题进行分析。下面我们将引进一个例子，来对前景理论的效用函数进行一个具体的说明。

王先生在北京有一套房子，由于工作调动的原因，他要搬到上海去住，因此他决定把北京的房子卖掉。由于时间紧张，他决定给房子标一个一口价，价格为 x 百万元。对于 $1 \leq x \leq 2$，王先生能卖掉房子的概率是 $q = 2 - x$。如果他找不到买家，他就可以将房子以 100 万元的价格卖给朋友。王先生的价值函数为：$\begin{cases} v(z) = |z|^{1/2}, & \text{若 } z \geq 0 \\ v(z) = -2|z|^{1/2}, & \text{当 } z \leq 0 \end{cases}$

以下我们将分别运用期望效用理论和前景理论对这个问题进行分析。首先，我们考虑期望效用理论。则问题可以描述为：

max：$U = q \cdot x + (1-q) \cdot 1$，其中 $q - 2 - x$

利用一阶导条件，我们很容易就得出 $x = 3/2$。

现在，我们利用前景理论来对这一问题进行分析。在前景理论中，我们首先要对王先生的心理进行分析。如果他是一个乐观主义者，认为他的房子能卖 200 万，那么 200 万就是一个参照点。因此，200 万就相当于图 1 中的原点，如果房子卖了 x 百万元（$1 \leq x \leq 2$），则给王先生带来的效用应该是 $v(x-2) = -2(2-x)^{1/2} \leq 0$，因此，问题可以描述为：

max：$v(-1) \cdot (x-1) + v(x-2) \cdot (2-x)$

由此可得 $x_1 = 14/9$；

如果王先生悲观地认为房子只能卖到 100 万元，那么 100 万就是另一个参照点，如果房子卖了 x 百万元（$1 \leq x \leq 2$），则给他带来的效用为 $v(x-1) = 2(x-1)^{1/2} \geq 0$，因此，问题可以描述为：

max：$v(0) \cdot (x-1) + v(x-1) \cdot (2-x)$

易得 $x_2 = 4/3$。

通过上面的解答，我们发现 $x_2 < x < x_1$，这是符合我们的预测的。由于参照点不同：你的心理预期越高，叫价也越高；预期越低，叫价也越低。因此造成了上面 3 个不同的答案。显然前景理论对于最优标价的解释比理性预期理论更加符合现实生活，因此，对于现实问题的分

析和解决，前景理论正如它的名字所说的，更具有"前景"。

二、模型设定与解释

通过之前的讲解和介绍，我们对行为经济学的基础——前景理论已经有了一个比较全面的了解。利用前景理论我们将对企业家责任感问题有更加直观、具体的了解。

现在我们就开始模型的建立。假定企业家原始财富为 W，为简便起见，我们只考虑单独决策和单次捐款。由于企业家履行社会责任所能得到的回报是不确定的，同时也是不定时的，因此在这里我们有必要对回报的情况也进行一番假定。

首先，我们假定企业家一次捐款 w，则回报 $r = r(w)$ 是 w 的函数。然后，我们要对 $r(w)$ 进行讨论。捐款好比购买彩票，企业家将以 p_1 的概率得到回报 $r_1(w)$，以 p_2 的概率得到回报 $r_2(w)$。$r_1(w)$ 和 $r_2(w)$ 都是 w 的增函数，且 $r_2(w) > r_1(w) > 0$，$p_1 = p_2 = 1/2$，忽略贴现。

沿用我们上一部分的分析方法，当运用期望效用理论时，目标函数是

max：$p_1 \times (W - w + r_1(w)) + p_2 \times (W - w + r_2(w))$

由一阶条件可得，当 $r'_1(w) + r'_2(w) = 2$——（1）时，企业家捐款的效用达到最大化。不妨设满足上述等式的 $w = w*$，即 $r'_1(w*) + r'_2(w*) = 2$，则企业家的期望效用为：

$EU_{max} = 1/2 \times (W - w* + r_1(w*)) + 1/2 \times (W - w* + r_2(w*))$

当且仅当 $EU_{max} > W$ 时，企业家才会选择进行捐款。

现在让我们重新利用前景理论，引入参照点的研究方法会让我们看清企业家捐款与否的根本原因。在这里，我们采用同上一部分的价值函数。

第一种情况是企业家对于获得回报非常乐观，因此他们将参照点设在 $W - w + r_2（w）> W$ 点，这时企业家面临的目标函数就变成了：

max：$1/2 × v（0）+ 1/2 × v（r_1（w）- r_2（w））$

从中，我们容易利用一阶条件得出如下等式：$r'_1（w）= r'_2$（w）——（2），设使此等式成立的 $w = w_1$。

第二种情况是企业家对于获得回报不抱什么希望，因此他们将参照点设在初始值 W 点上，这时企业家面临的目标函数就变成了：

max：$1/2 × v（- w + r_1（w））+ 1/2 × v（- w + r_2（w））$

利用一阶条件得到：$2（1 - r'_1（w））· \sqrt{r_2（w）- w} + （r'_2$（w）$- 1）· \sqrt{w - r_1（w）} = 0$——（3），使得该等式成立的 $w = w_2$。

由于连续函数的情况较为复杂，其中涉及对于 r_1（w）以及 r_2（w）的讨论，为了方便起见，我们在这里采取非连续形式，如下表所示：

表4　捐款与回报关系

捐款：w	1	4	8	20
回报1：r_1	0	2	6	5
回报2：r_2	2	8	13	10

这里我们假设总财富 W = 20，按照上述的计算，我们可以进一步得到企业家分别对应不同捐款和不同回报的效用水平：

表5　不同理论和参照点下的效用水平

捐款：w	1	4	8	20
期望效用理论	20	21.5	21.5	7.5
乐观态度：以最高回报为参照点	$-\sqrt{2}$	$-\sqrt{6}$	$-\sqrt{7}$	$-\sqrt{5}$
悲观态度：以20位参照点	$-1/2$	$-\sqrt{2}+1$	$-\sqrt{2}+\frac{1}{2}\sqrt{5}$	$-\sqrt{15}-\sqrt{10}$

企业家要从中比较，选择对自己最有利的捐款水平，还需要知道自己的保留效用，即不捐款时的效用：

表6　企业家的保留效用

捐款：w	1	4	8	20
期望效用理论	20	20	20	20
乐观态度	-2	-4	$-2\sqrt{5}$	$-2\sqrt{10}$
悲观态度	0	0	0	0

由此可见，在期望效用理论中，最大效用发生在捐款为 4 和 8 时，它的值为 21.5；在前景理论的悲观态度中，最大效用发生在捐款为 8 时，值为 $-\sqrt{2}+\frac{1}{2}\sqrt{5}$；值得注意的是，在前景理论的乐观态度中，最大效用发生在捐款为 20，即捐出自己的全部财富，它的值为 $2\sqrt{10}-\sqrt{5}$。这个看似超出我们想象的结果正好印证了现实生活中部分企业家的做法。

在 2007 年 4 月 11 日推出的胡润 2007 财富榜中，高居榜首的是 85 岁的余彭年，他以累计 20 亿元（几乎是他的所有财产）的捐赠金额蝉联中国最慷慨慈善家。此外，牛根生、刘佩珍和陈德勋等人都捐出了几乎全部财富，其捐赠财富数额与其个人财富的比例高于美国最著名的慈善家巴菲特和比尔·盖茨。这些超乎人们想象的事情正好是前景理论发挥作用的最佳落脚点。通过之前的计算和比较，我们知道，当企业家选择不同的捐款幅度为参照点时所得到的结果是大相径庭的，而这些不同的结果是不可能从期望效用理论中得到的。

在上面的例子中，如果企业家非常乐观，将参照点定在最高回报上，那么他就有可能捐出自己的全部财富；而如果企业家对于捐款的回报并不看好，从而把参照点定在原始财富上，那么他可能只会捐出很少一部分财产用于公益事业。这两个方面只是极端的例子，现实生活中企业家的选择有很多，所得的结果也可能有些许差异，但是从这个例子中我们可以清楚地了解某些企业家捐出大量财产是有原因的，而这个原因正是由前景理论来进行解释。

对于这个问题进一步的探究是把回报函数看作是连续的，并利用它的性质来对企业家效用进行讨论。同时，由于回报的时间的长期的，因此更加深入的讨论可以把时间贴现引入到模型中去，从而考虑的是一个跨期选择问题。事实上，企业家进行捐款就好比是在进行投资，承担社会责任就是在给企业注入新的活力，把财富投资于社会，从社会获得更广意义上的回报。这部分的讨论将很有意思，鉴于篇幅我们将在以后再版中进行这些富有挑战性的分析和讨论。

第三节　框架效应与责任缺失

在前面两节的分析中，我们主要利用前景理论中的"禀赋效应"和"损失厌恶"对企业家承担社会责任的行为进行了探讨。从之前的讨论中我们不难发现，参照点的选择是多么重要。对于不同的参照点，企业家会做出截然不同的选择：如果企业家选取的参照点比较高，即他们认为得到回报的可能性较大，那么他们就会捐出更多的财富甚至是自己的全部；反之，如果企业家选取的参加点比较低，即他们认为得到回报的可能性比较小，那么，他们所捐出的财富就会比较少，甚至可能没有。由此可见，对于参照点的运用在研究企业家社会责任感的问题上是多么的重要，上一节的简单模型已经向我们充分说明了这一点。

这一节，我们将运用前景理论中另一个非常重要的部分——框架效应（Framing Effect）——来对企业家的社会责任感从另一个角度进行解释。为了说明框架效应，我们首先来看一个小实验：

实验　4

假设一种突然爆发的疾病可以杀死 600 人，而现在可以提供两种对付这种疾病的计划。

描述方式 1：如果采用 A 计划，那么可以救活 200 人。而如果采用

B 计划，则 600 人将有三分之一的可能全部救活，而另外三分之二的可能是一个人也救不活。

描述方式 2：如果采用计划 C，那么将会有 400 人死去。而如果实施 D 计划，则有三分之一的可能没有人会死去，另外三分之二的可能是所有人都会死。

这两种表述方式的不同只存在于文字表达，很容易证明计划 C 和 D 在本质上与 A 和 B 没有任何区别。但事实上当人们面对第一种表述方式时，他们是风险厌恶的：有 71% 的参与者选择确定救活 200 人，而不是把赌注押在三分之一的可能救活全部人。而当人们面对第二种表述方式时，他们却是风险偏好的：77% 的参与者宁可赌一把，而不选择有 400 人肯定会死。这种由于描述方式的不同而造成人们选择发生逆转的现象就叫做"框架效应"，其中的"框架"是指问题提出的框架与形式。

那么是什么造成了这种形式决定本质的奇怪现象呢？事实上，这也仅仅是参照点运用的一个延伸。让我们再重新看一下这两种描述方式：在第一种描述方式中，由于它使用了"救活"这个词，这暗示这场疾病可能会让 600 人全部死去，因此参与者把参照点定在了 600 人全部死去这一最低点上，从而在比较"获得"时人们倾向于风险厌恶；而在第二种描述方式中，由于它使用的是"死去"这一负面词，因此参与者自然而然地把问题理解成为"损失"，从而宁愿冒一冒风险，选择了计划 D。所以，在不确定状态下，人们的选择极大的依赖于问题的表述形式，有时可能是毫无思考的决定，这体现了人们在现实生活中决策的非理性。

传统的期望效应理论要求人们在进行选择时不为其描述方式的改变而改变，这被称作"不变性（Invariance）"，但是 Kahneman 和 Tversky（1981）的调查和研究发现，不变性的要求不管是对老练的人还是新手都是不成立的，甚至是对同一个人在几分钟内回答这两个不同的问题，仍然不能满足不变性。Kahneman 和 Tversky 叙述道："……就算是他们重新读过题目，他们对于'生命损失'的叙述方式仍然是风险爱好的，虽然他们自己也想遵循'不变性'并在不同的叙述中给出一致的答案。这种顽固的框架效应更像是感觉上的错觉，而非计算上的错误。"

从两位行为经济学鼻祖的阐述中，我们应该已经知道了这样一个事实：框架效应很难消除，即现实世界中的人都不是完全理性的。因此，运用行为经济学研究非理性人就很有价值和必要了。再让我们来看几个"框架效应"的小例子来帮助我们加深理解。

现实生活中框架效应的例子比比皆是，下面是其中的一个典型例子：

有两家面包店隔街相望，一家的广告牌上这样写道：付现折扣！现烤面包，刷卡3元/个，而若支付现金只需2.5元/个；而另一家的广告牌则是这样写的：现烤面包现金2.5元/个，刷卡的顾客需加收费用0.5元。

很明显，两家面包店的价格和收费是一样的，但是不同的叙述方式却会带给人不同的心理感觉，从而极大的影响人们在消费时的选择。因为人们总是更喜欢在一定价格基础上打折，厌恶额外追加费用。因此，当第一家面包店使用"折扣"字样时，人们就已经把参照点定在了较高的3元上，而把0.5元看作是"获得"；而第二家则引导人们把参照点定在2.5元上，那么0.5元就是一种"损失"了。可见，这是两种完全不同的效果。

下面这个小实验将带领我们进入企业家社会责任感的讨论：

实验　5

对于同一支彩票有两种叙述方式：A. 你有1%的几率获得990元，而有99%的几率输掉10元；B. 你只要花10元就可以有1%的几率得到1000元，而有90%的几率什么也得不到。

尽管这两种叙述方式的实质完全相同，但是实验结果是绝大多数人选择后一种叙述方式的彩票。

事实上，企业家承担社会责任又何尝不是购买彩票，中奖的概率不高却又禁不住诱惑与旁人的怂恿，投入有限而回报基本无望。从"胡润 2007 年慈善榜"来看，我国慈善家们的平均年龄老龄化，从去年的平均 48 岁增加到平均 51 岁。另外一个值得注意的事实是，尽管2007 年的前 100 名慈善家有 30 名来自"2006 年胡润富豪榜"的前 100名，而且近几年的中国首富，都出现在慈善榜中，但他们的排名并不靠前，与其财富排名未成正比。这些在各自领域呼风唤雨的成功企业家为什么在慈善界缩手缩脚？是因为他们道德素质不够？是因为他们还没有意识到承担社会责任的潜在巨大回报？还是他们要把这些资金投入到新的一轮的资本积累中去？答案也许只有他们自己知道，但是在这里，我们应该面对一个现实，那就是我国企业家承担社会责任的程度和潜力还没有被开发出来。也就是说，我国企业家在面对"捐款"之类的社会责任时把参照点放在了比较低的位置，甚至是自己的原始财富，正是这个原因导致了我国企业家不愿意投入更多资金到社会责任的承担上面。

那么他们为什么会把参照点放在这个位置呢？这就需要运用"框架效应"来解释了。企业家在面对是否应该承担社会责任的问题时，由于考虑到回报的时间和数额都是相当不确定的，因此在这一潜在的"损失"框架下，企业家很自然地就会把原始财富作为自己的参照点，从而不愿意更多的履行社会责任。让我们设身处地地想一想，真的要把自己辛辛苦苦赚来的血汗钱投资到社会公益事业，所得的回报还那么遥遥无期，的确是一种十分痛苦而无奈的事情。那么有没有可能换一个"框架"来帮助我们的企业家们"大方"的进行捐款、承担社会责任呢？考虑下面的一个例子，我想应该是有帮助的。

设想自己是一个刚工作不久的公司新人，工作必然离不开和同事、上级的沟通与交流，那么如何加深之间的关系呢？一个通常的做法是请客吃饭或出去玩。无疑，这将有利于绝大部分同事和上级对你看法的提高，但是到底有多大的提高是一个不确定的因素，对于今后自身发展的影响也并不明确，特别是有些不友好的同事甚至可能会认为你

"老于世故"，刚进公司就开始到处"找关系"了。那么你会把自己一个月工资的三分之一拿出来请客吗？或者我们可以换一种说法：你愿意用仅仅一个月三分之一的工资为代价，换来与公司同事和上级接触、交流的宝贵机会吗？而我们知道人缘越广办事越方便，说不定哪天就能用上呢。

这个例子也许并不十分恰当，但在我看来却是比较好的反映了企业家面临的问题。回答了上述问题的读者是否意识到了字里行间的细微变化，"框架"不同，参照点就不同，所得到的结果也就不同。企业家是否也能够把眼光放长远一些，为自己换一副看世界的"眼镜"，找一个新的参照点呢？

参考文献

Coursey, D. L. , J. L. Hovis and W. D. Schulze, The Disparity Between Willingness to Accept and Willingness to Pay Measures of Value, The Quarterly Journal of Economics, 1987, 102, 679 ~ 90.

Kahneman, D. , and A. Tversky. Loss Aversion Risk Less Choice a Reference – dependent Model, Quarterly Journal of Economics, 1991, 106：4, 1 039 ~ 61.

Kahneman, D. , and A. Tversky. Prospect Theory：An Analysis of Decisions Under Risk, Econometrica, 1979, 47：2, 263 ~ 91.

Kahneman, D. , and A. Tversky. The Framing of Decisions and the Psychology of Choice, Science, 1981, 211：453 ~ 458.

Kahneman, D. , J. L. Knetsch and R. H. Thaler. Experimental Tests of the Endowment Effect and the Coase Theorem, Journal of Political Economy, 1990, 98 (6)：1325 ~ 48.

Kahneman, D. , J. L. Knetsch and R. H. Thaler. The Endowment Effect, Loss Aversion, and the Status Quo Bias. Journal of Economic Perspetives, 1991, 5, 193 ~ 206.

Knez, Peter, V. Smith, and A. W. Williams, Individual Rationality, Market Rationality, and Value Estimation, American Economic Review, May 1985, 75,

397 ~ 402.

Thaler, R. H. Toward a Positive Theory of Consumer Choice. Journal of Economic Behavior and Organization, 1980, 1: 39 ~ 60.

Tversky, A. , and D. Kahneman. Judgment Under Uncertainty: Heuristics and Biases. Science 1974 185: 1124 − 31.

董志勇,《行为经济学》,北京大学出版社,2005 年.

第十章　非理性选择与企业家社会责任的承担

第一节　心理账户理论概述

自从 1985 年被芝加哥大学萨勒教授提出"心理账户"（Mental Account）这个概念后，它已经在行为经济学中被广泛地运用，也日益成为经济学家们关注的焦点。它指的是理性人有时会做出不理性的选择，而心理账户可以很好地解释这种非理性行为，同时也给行为人很好的心理宽慰。

心理账户是处于心理学与经济学之间的一个边缘概念，因此也有人称之为现代经济心理学。心理账户是理性人用一种非理性的态度看待事物，这种态度让相同的钱在不同的环境下变得不一样了。实际上，这种不理性的心理可能影响到我们的决策，有时会利用我们的盲点掩盖事情的真相，但客观上心理账户的存在让我们的支出有了更好的理由，也让我们心情舒畅地进行经济活动。下面，就让我们具体探讨一下心理账户的内容。

一、从心理账户看到的非理性行为

为了记录、总结、分析或者报告我们财务上的收入与支出，进而弄清楚我们每一笔钱都最终用到了什么地方，并且为了有控制地进行消费，我们建立起各种财务上的账户。心理账户也与此有同样的目的，只是有时候会下意识地把每笔钱都归入某些账户，而由此导致经济行为发生变化。这些抽象的、存在于人们心里的账户，就是心理账户。

心理账户主要分为三个部分：

第一是人们怎样感觉各种经济事务的结果，怎样做一些决定，并且之后又是怎样评估那些决定的结果的。这种账户提供了一种事前和事后不同方向的分析。也就是说，所有的经济事务或交易都是在一定的环境下发生的，而当时当地的环境，很有可能对交易的结果产生影响。所以我们在分析经济行为时，有时应该考虑暂时的交易效用。

第二是有时会把经济行为分到细微、具体的账户。不管是在现实的账户还是在心理账户中，对于任何资金的来源和去向，我们都会把他们分类。我们的开支常常被分到住房开支、食物开支等账户中，而这些开支也常会受到各种或明或暗的预算约束。将要被消费的资金也会被分到不同的账户，如流动账户一般都是月工资等固定收入，或是像养老金之类的储备账户。

第三是与我们核查与评估心理账户的频率有关的内容，或者称之为"选择划分"。账户每天、每星期，或是每年，都会被重新核算调节，而且每个人划分账户的范围也是不一样的，有些分得很粗略，有些则分得很细。曾经有一句忠告：当你坐在牌桌上就不要数你的钱。这句忠告在面临其他不确定选择，比如说进行风险投资时也是很管用的（Loewenstein & Rabin，1998）。

心理账户推翻了传统经济学中可替代性的观点，我们认为，钱有的时候是不可替代的。我们观察到，商品被划分到不同种类中，消费被分在不同的账户里，而不同的划分方法也造成了同一选择对我们不同的吸引力。在这个过程中，不同账户中同样大小的金额对我们的意义是不同的，换句话说，它们是不可替代的。

因此，研究心理账户的问题可以帮助我们更好地了解自己的行为，心理账户常常是不客观的，也常常导致非理性的行为，尽管我们仍能保持快乐的心情接受这些事实，同时还自诩为理性人。

二、获得与失去的快乐组合

我们总是对自己经济行为的结果感到好奇，到底该怎样分配才算好呢？到底应该买哪一件呢？或是该怎样对我们的开支精打细算呢？前景理论已经为我们提出了行之有效地看待问题的方法，它也是相当符合人们心理的（Kahneman & Tversky，1979）。前景理论的主要内容大体上包括三个方面：获得和失去的价值函数，都是根据某个参照系来定的；获得和失去都有随着变化量增大而灵敏度减小的趋势；一般来说，人们对损失始终抱有厌恶的态度。

特维斯基和卡尼曼（1984）指出，人们一般用三种形式来划分心理账户：最小账户、与当前有关的账户和综合账户。用最小账户的时候，我们需要在两种选择中比较他们的不同点。而用与当前有关的账户时，我们必须考虑那些事情的来龙去脉，也就是说，必须根据当时当地的经济环境建立参照系，来考虑经济行为的结果。综合性账户指的是我们一般划分的账户，像每月的固定支出、储蓄账户等。

在心理账户的计算中，我们还研究属于同一账户的不同项目是怎样组合的。也就是说，在人们发生购买行为时，对组合不同行为的方法有怎样的倾向性呢？用 v 来表示效用，那么就是研究在不同条件下，$v(x+y)$ 与 $v(x)+v(y)$ 的大小关系。

由前景理论给我们的价值模型，可以容易得到这样的结论：当有好消息的时候，要分开告诉大家；当有坏消息的时候，要一起告诉大家；当有小小的坏消息和大大的好消息时，应该一起告诉大家（由于损失厌恶，对坏消息的厌恶很可能盖过好消息带来的快乐）；当有小小的好消息和大大的坏消息时，应该分开告诉大家（由于获得的价值曲线在开始总是很陡峭，所以小小好消息的快乐就能盖过大大的坏消息带来的痛苦了）。大多数人对这几条规律都有自己的直觉。根据调查，在面临"两次中彩票，一次50元、一次25元和只中一次75元的彩票，哪种情况会更快乐"的问题时，有64%的人选择了前者。

人们希望把失去合在一起的直觉，来自失去的效用函数是敏感度递减的，再一次失去会减小它的边际影响。可是为了回避损失，人们总是认为，现在的损失比以后的损失让人痛苦，也就是说，他们不能简单地把损失合在一起发生，而是应该让它们分离，因为人们总是倾向于把令人厌恶的损失无限期延后。人们总希望得到小小的欣喜，而在面临损失的时候，人们总是尽量回避，实在不行才把痛苦合在一起面对。

我们既然已经了解心理账户的这些规律，就要有效地利用它们。比如说，只要有可能，我们就要把损失同更大的获得合在一起考虑，这样生活会更加快乐。其次，我们应该意识到，实际的损失厌恶比我们想象中的更加重要，所以把损失合并起来只能增大其消极影响。

三、心理账户的决策

1. 交易效用

对任何一种商品，从不同的方面看，消费有两种效用。一种是获得效用，一种是交易效用。获得效用是对商品价值的测量，与价格有很大关系。从数学上看，获得效用就是消费者在作为礼品收到这个商品时对它评估的价值，减去买商品的花费；从经济学上讲，就是消费者剩余。

交易效用是指由于某次交易的发生而感觉到的价值变化，具体说就是实际交易中的价格与"参考价格"的差值，而参考价格指的是一般情况下，人们买这件商品所能接受的价格。交易效用的存在，让我们的市场起了两种变化。一是有些商品成为某些消费者特殊的爱好，这种情况下，商品无论多贵，消费者都不会打消买它的念头。而另一种情况正好相反，由于负的交易效用，有些交易并没有做成。

2. 开启的账户和关闭的账户

实实在在的亏损永远比潜在的亏损给人的痛苦大得多。关闭一个账户是令人痛苦的，这也就是为什么人们总是极不情愿在股票价格下降的时候将它抛售出去，尽管他们知道价格很有可能只降不升，但他们对于价格的上升仍抱有一丝希望。如果现在你手上有两支股票，一支正亏损，一支正盈利，而你又急需一笔现金，你会卖掉哪一支股票呢？如果做理性的分析，毫无疑问应该卖掉亏损的那支（ShefrinZ&Statman，1987）。然而事实上，大多数人选择了卖掉盈利的那支，这就是心理账户所解释的，关闭一个账户是令人痛苦的（Odean，1998）。

另外一个例子是现实账户中的赤字问题。大多数公司每季度都会公布一次自己的财务状况，账本上能清楚地显示你是亏了还是赚了。虽然公司对查账无能为力，但他们有决定多久检查一次收入状况的权力，以此来控制每年公布的数据。现在的公司都尽量用这个权力，来避免公布自己亏损或赢利下降的财务状况（Burgstahler & Dichev，1997；Degeorge，Patel & Zeckhauser，2005）。公司都希望有盈利，而不是有亏损；同样，他们也希望比去年多赚，而不是少赚。他们会根据自己的财务状况决定查账的时间，从而在公布的数字上，把小的亏损变成小的盈利，用其他时候的盈利来弥补亏空，而那些较大的盈利就这样被削减了，这当然可以为下一年的盈利增加提供更大的机会。显然，公司都相信，投资者都是支持前景理论的人，他们都是厌恶风险的。

3. 预付商品、沉淀成本与支付贬值

沉淀成本总是会在人们心里逗留一段时间的，先前消费逐渐变得无关紧要的现象，就是所谓的"支付贬值"，提出这个概念的 Gourville & Soman（1998）曾经为这个问题观察过一个健身俱乐部会员的行为。这个健身俱乐部每年向会员征收两次会费。他们发现，俱乐部定期活动的出席率在每次缴费的那个月是最高的，而随后的五个月参加活动的人越来越少，直到下一次缴费的时候出席率又再一次猛增。

4. 支付隔离

在心理账户中，预付可以达到降低成本的效果，但并不只有预付的行为会导致付费与消费行为的隔离。人们都不喜欢打表收费，而更倾向于统一收费。打表收费意味着每一分消费，都实实在在与支付的金额联系起来，而统一收费则相反。以现在的上网收费为例，有实行包月的，也有按流量计费的。但显然，包月收费更受消费者欢迎，尽管按流量计费很可能让他们出更少的钱。同样的道理，健身俱乐部一般都出售季票或年票，而很少按参加活动次数来收费。

传统经济学中的消费者行为并不包括这样的现象，这只能用心理账户来解释。将费用与使用隔离起来，使得使用的边际成本为零。健身俱乐部的制度之所以吸引人，是因为人们都认为去的次数越多越好，而这种制度正好可以鼓励人们多参加活动，以降低每次参加活动的成本。而每次支付费用的制度，就达不到这种效果。实际上，每个季度交的钱都是沉淀成本，当人们逐渐意识到这一点时，降低成本的想法就变得没有吸引力了。也许分离制度最好的例子就是信用卡制度。信用卡一是可以延期交费，二是信用卡结算通常是把许多次消费合在了一起，这样每一次消费放在整体中看就显得不是很多了，这两点都把商品与费用隔离开来。

四、心理账户分析的实例

人们，尤其是学经济的人，时常会标榜自己为彻底理性的人。对于生活在这个经济高速发展社会中的人，理性并没有错，相反，它可以帮助人们合理地安排自己的财富。

1. 捐款的账户

有一位金融学的教授，决定用一种方法来合理地安排自己这一生的财富。他发现在自己的开销中，老是有一些意料之外的花费。比如说，赶上一朋友结婚，得考虑拿出一部分礼金；或是由于自己的不慎，把当月的零花钱丢失了。一年下来，这些计划外的支出加起来，也是一笔不小的金额了。所以每到年末，看到这些消费，他总会感到小小的懊恼。于是，这位"聪明"的金融学教授，想出一个很是让自己得意的方法，让自己并不觉得那么生气。在每年的年初，建立起一个要向当地慈善机构捐款的目标。在一年中，一旦有什么意外，需要额外的支出，他就会把那笔支出在捐款的那个账户里面扣除。如此一来，他再也看不到那笔让他心烦的计划外支出了。

2. 萨勒的瑞士之行

经济学家萨勒曾经在瑞士为一群企业管理人员做演讲。会议之后，他和家人在那儿做了一次短期旅行。当时瑞士的物价相对于美国来说很高，幸亏他在瑞士演讲所得到的报酬，可以很轻易地满足饭店和旅馆的支出。可以想象，如果他是一个星期前由于一场在伦敦的演讲，得到一笔同样的报酬，而到瑞士去旅游，那么旅行肯定不会这么令人高兴，因为面对旅行中的高消费，他不一定愿意轻易去花钱，就算花也不会花得这样痛快。

我们还曾经在一个大学做过调查：自从这个学校用上一卡通以后，学生每个月的伙食费用和以前用菜票、饭票方式相比，有了很大幅度的增加。

3. 该买哪一床棉被呢

我们做过这样一个有意思的实验：假设你需要买一床棉被，当你到商店的时候，惊喜地发现你喜欢的一款正在降价促销。这一款你中意的棉被，一共又有三个尺码，大号、中号和小号，他们的原价分别是300元、250元、200元。现在，他们统统都以150元的价格出售。

这时你会选择买哪一床棉被呢？也许你会说，那要看家里的床有多大了。可让人惊讶的是，实验结果表明大部分人会选择买那床最大的被子，尽管他家的床也许是最小号的。

上述这些例子与心理账户都有莫大的联系。许多经济理性人在组织、评估经济活动的时候，常常会无意间用到心理账户的方法。

第二节　企业家社会责任承担中的非理性选择

企业社会责任战略是需要一定的条件作为基础的，如果放任市场调节，则会带来失败。更重要的是，对企业有利的行为和对社会有利的行为在很多方面都是有很大距离的。我将这些原因归纳为企业社会责任的四个误区：

1. 市场之手可以自发调节企业的短期经济回报和长期社会利益之间的关系。

关于企业社会责任的一个基本假设就是企业的经济回报和社会利益多多少少是一致的。但是，很少有人对这个假设进行分析。

实际上，很难证明诸如保护自然环境、教育将来的劳动者以及为本地社区做志愿活动等行为对于提高公司的财务表现会有帮助。尽管有一些事例表明商业的利益和社会责任的目标是一致的，如旨在培养建立未来人才库的思科公司的网络技术学院项目，但是，这只是公司提高社会美誉度的一种方式而已。

在很多情况下，这种投资在 2～4 年之内是不会有任何回报的，而这样的回报正是上市公司所需要的。正如我们所知道的，当一个公司发出"盈利降低"预报的时候，市场都会调低对它的股票评级。因此，投资于诸如环境和社会责任等事情对于公司来说是一种奢侈。

同时，我们也看到很多公司并没有投资于长期有益的事情，如健康和安全系统。例如：即使 BP 公司一直是企业社会责任的积极倡导者，而且该公司在此方面还获得了很多奖励。但是在 2004 年，BP 公司在阿拉斯加州由于健康和安全系统的问题被罚款 142 万美元。

沃尔玛公司遭遇很多诉讼，法庭指控其在对待劳动者权力保护上的问题。但是，由于降低了费用和产品价格，沃尔玛依然得到投资者的认可，市场非常认可这家全球规模最大且最成功的公司。与之相对比，它的竞争对手 Costco 为员工提供了非常好的健康保险和其他福利，但是，公司面临来自股东的很大压力，建议公司降低这些福利费用以和沃尔玛竞争。当资本市场的短期利益的压力带来很大的阻力时，很难期待企业去投资于企业社会责任。当股东的利益主导了公司机器的时候，很难期待结果会与公众的利益一致。正如Marjorie Kelly在《资本的权利是神圣的吗》一书中写道的："现在的股东与其说是企业的投资者，不如说是压榨者。"

2. 有道德感的消费者会推动改变。

尽管的确存在少部分市场，它们会对符合商业伦理的企业有所回报，对于大多数消费者而言，商业伦理和道德的作用是非常有局限的。实际上，众多调查的数据表明，消费者更关注的是价格、味道、保质期而不是企业的商业伦理。沃尔玛的成功毫无疑问证明了这一点。

在英国，调查数据表明尽管消费者关心环境和社会问题，83% 的消费者有意愿按照道德感去购物，但是，只有 18% 的人偶尔去这么做，只有少于 5% 的人能经常和持续地这样做。

《绿色消费指南》一书作者 Joel Makower 自 1990 年起跟踪研究道德消费。他说，尽管很多人宣称如此，这些年真正采取道德消费行动的消费者的数量变化并不大。RoperASW 的数据也验证了这一点。他说："从绿色意识到绿色行动，这两者之间还有很大的距离。"以快速增长的 SUV 汽车为例，尽管油价不断上升，但是，消费者对它们的热爱依然没有降温。2004 年它的销售额上升了 8%。这些数据表明，对天气变化的威胁，这些可能影响到下一代而不是我们自己的事情，很难成为改变消费者行为的因素。

3. 在商业伦理中，企业会竞相争优。

关于企业社会责任，还有一个更大的误区：竞争的压力会导致公司竞相关注商业伦理。已经出现越来越多对好公司的奖项和评比，如：商业伦理奖，《财富》杂志"年度最佳雇主"等。公司很自然地会与企业社会责任的主题保持一致，这是因为他们有很好的公关部门。但是，在很多情况下，公司也许会利用出于一些好意的活动。比如：公司可以加入联合国倡导的全球契约而不需要改变任何行动。非政府组织CorporateWatch发现很多公司粉饰自己的例子，很多公司利用联合国作为公共关系的一个优势，如：挂上公司领导与联合国秘书长安南的合影等。

同时，公司费力争取在企业社会责任投资指数上的位置。这种行为可能会带来新的风险。通过竞相争优，我们把奖励授予了"坏人中的最好者"。例如：英美烟草公司在2004年11月因其年度社会报告获得了联合国环境规划署可持续发展奖。虽然如此，怀疑者也许要问，考虑到烟草产品有巨大社会危害性，为什么一家烟草公司会因为在其他方面的责任而获奖？

尽管很多公司都在竞相表现得看起来很有社会责任，它们同样也在更加熟练而有效地隐藏对社会不负责任的行为，如：不当的行为和逃避税收。美国的公司营业税已经从1960年占据GDP的4.1%下降为2001年的1.5%。实际上，这就会带来政府提供教育等公共服务职能的限制。当然，这并不妨碍一些公司为自己对某学校的捐款大做宣传。目前一些领先的公司，如：思科公司或者欧洲连锁巨头Tesco等宣传自己承担社会责任的一个普遍的方式。

4. 在全球经济下，国家会争取做最好的商业伦理实践。

在发展中国家，企业社会责任也逐渐得到重视。人们通常认为市场经济自由化会促使该地区的经济融为全球经济的一部分。跨国公司积极实施企业社会责任的项目和政策，会对劳动者权利非常关注。因此，这会带来对发展中国家人的权利和环境更好的保护。

　　然而，在发展中国家，这些公司往往不能像在自己的国家一样，自发地保持正确行为的标准。实际上，为了吸引外商的投资和竞争的压力导致这些发展中国家的政府不会严格地坚持对劳动者权利与环境的保护。例如：由于来自中国的纺织业和制衣业的压力，使得斯里兰卡制衣商游说政府提高工人的劳动时间。最后，大多数公司在发展中国家和地区，面对广泛的劳动力，通常会把工资定得很低。虽然这样，在跨国公司工作依然是这些地方人们的渴望。因为，在跨国公司工作的工资会高一些，劳动者的权利也可以得到更好的保护。

　　企业社会责任的倡议者花费了很多力气来开发新的标准和项目，试图让企业的社会责任和商业利益统一起来。然而，从整体上来看，也是失败的概率居高。一些出发点好的行为也往往会带来负面的影响。比如：为了解决肥胖的问题，麦当劳开始销售苹果食品，但是，由于麦当劳坚持要求采购的苹果的一致性和保质期，这对于生物多样化和可持续发展来说，也不是一个好消息。传统的管理方式是制定一些强制性的规定让公司来执行，以让公司的行为符合企业的社会责任的要求。这种管理方式的优点是具有可预测性。这种方式比单纯通过市场调节的方式更有效。

第三节　心理账户与企业家社会责任承担

　　金钱可以用三种方法分类：把消费归入不同预算（按住房、食品等）、把财富归入不同账户（按支票、养老金等）、把收入归入不同的类别（按工资、福利等）。实际中金钱的不可代替性，划分心理账户帮助我们理解企业家在社会责任承担当中的不理性选择。

一、消费归类

把消费归入不同的预算有两个目的：第一，设定预算可以对消费的分配有理性的调节；第二，预算也是自我控制的手段。运用心理账户也是一种保持预算中消费的方法。预算的紧张程度也因人而异。越是贫穷的地方，预算就越紧张，预算规则就越明确、也越具体，而富裕的家庭对预算的要求就不那么严格了。贫穷的家庭预算一般定义的时间段更短。例如，大学生的消费一般是以每月或每周观测的，而他们毕业参加工作后，情况就立马发生改变了。

消费影响预算的过程可以分为两段，首先这项消费必须能被察觉，然后要将它归入合适的账户。如果这两个阶段中有任意一个不存在，那么这项消费就不会影响预算。每项消费必须记录在消费系统，继而分配到某一个具体的消费账户。许多小的、常规性的消费就不会被记录下来了，例如在公司咖啡屋喝了一杯咖啡。实际上，人们把这类极小的消费算入了零头资金的账户，并不包括在通常的账户体系。John Courville（1998）曾经注意到，许多时候销售商喜欢把每年在此商品上的开支，换算成每天几分钱的开支，以此来吸引顾客。

归类对心理账户的影响是显而易见的：损失的痛苦可以因为和一个更大的获得放在一起而减小；放在欠了债的账户里的消费更难发生；只有与沉淀成本处于同一账户的消费发生时，沉淀成本才会被重新记起来……这些，都给人们的思维环境带来了影响，从而影响了人们的选择。

企业家在承担社会责任时，大企业相对于小企业更愿意付诸实践，而实际上，对于中小企业来说，向社会尽责任，首先要把自己企业经营好，然后根据自身情况去推动公益。企业承担社会责任并不只是捐赠，做好身边的一些"小事"，也是承担社会责任的一种方式。企业家常常险隘的理解其社会责任，将其范畴缩小到捐赠和大型公益活动等大项支出上，作为实践的着力点。

二、颠覆可代替性

只要约束是不可替代的，那么它就可以影响消费者行为。Heatn & Soll（1996）用几个实验阐述了这种影响。对于两组实验对象，他们问了同一个问题，即是否愿意买一张观看歌剧表演的票。两组人的不同点是，一组在一个星期前每人花50元观看了一场足球比赛，而另一组同样花50元买了一张停车场的票。两组的实验结果有很大不同，看过足球比赛的人比另一组更不愿意去观看歌剧，因为对这两种活动的支出是算在同一个账户里的。

如果说金钱是可代替的，那么同样的道理，时间也是可代替的。从巧克力和微波炉的例子可以看到，不同情况下，相同的时间对人们的价值是不同的，在消费较少时，人们愿意花上20分钟节省10块钱，而在大量消费时就不愿意。曾有这样一个实验，调查人们愿意多花多少钱，来避免用45分钟排队买票。结果是在买45美元的票时人们愿意多出的钱是买15美元票时的两倍。这说明，人们对时间和金钱价值的估量，都是根据实际情况来定的，也就是说，在一定情况下这两者都是不可替代的。

企业的社会责任是社会在经济发展的特定阶段，根据当时社会的道德准则，对企业的期望和要求。不能承担与自己的企业承载能力不协调的、过多的社会责任。企业的社会责任不是可以无限扩展的，而是有限度的，或者说是有其合理底线的。企业最基本的社会责任就是把企业做好，这是企业履行其他社会责任的前提和载体。

三、预算控制

许多人靠制定严格的预算来解决自控的问题。设想你非常喜欢在每天吃晚饭的时候喝一点饮料。但你每月的生活费只能供你每天喝一杯 3 元的橙汁，虽然你更喜欢喝一杯 10 元的柠檬汁。也许你也能偶尔拿些钱出来买一杯柠檬汁喝，但你害怕自己控制不住第二天又喝柠檬汁而超出预算。所以，偶尔来一杯柠檬汁，给你的感觉绝对是超过 10 元钱的。

由此我们得到启发，选择礼物的最好方法是购买比接受者一般为自己购买的商品要更加高档一些的。这种高档的礼物对接受者来说，已经超出了它金钱上的价值。这种思想的运用，在许多促销竞争的过程中都非常有效。有时，一些消费者不会买给自己的小礼品，比给他们现金吸引力更大。

这个问题上最显著的例子是美国足球联盟每年的 Pro Bowl 会邀请所有球员参加。在 Super Bowl 一个星期后，这场全明星的比赛就要拉开序幕。但困扰主办方的是，很难将这些超级明星球员召集起来，他们能付的出场费对于这些每年有七位数收入的大牌根本算不了什么。最后，主办方将比赛迁到了夏威夷举行，并且对每位球员提供住宿并附送两张嘉宾席的入场券，球员再也没有缺席的了。

送礼问题的分析说明了自我控制是怎样影响选择的。柠檬汁是充满诱惑的，你只能用预算限制自己，控制消费。对于这些奢侈的商品，消费者总是约束自己每次只购买一点点来使之不超预算。这就是为什么那些小巧包装的巧克力，总比更划算的大包装卖得更好。由于控制消费，人们总是为自己钟爱的商品付出更高的价格。

比尔·盖茨基金会的建立和发展表明，企业的社会责任意识与企业的发展战略是息息相关的。盖茨基金的运作表明，慈善捐助等企业的社会行为，已经成了另外一种意义上的"投资"，并且能够为企业带来丰厚的回报。盖茨基金会不仅提供资金帮助，还提供管理和技术支持；不仅直接捐钱给穷人，还致力于从根本上改善他们的观念和教育水平；捐赠双方不仅仅是给予和接受的关系，还是一种长期的合作伙伴。这种捐赠行为，显然已经被纳入到了企业的整体战略之中。如果理解了社会责任与企业战略的关系，就不会认为执行社会责任会增加企业的负担和成本。相反，从长远来看，履行社会责任还可以增加企业的竞争力。企业履行社会责任可以改善企业自身的竞争环境，使得企业的经济目标和社会目标统一起来。还可以通过改善教育、提高当地的生活质量来使得企业自身受益。此外，企业履行社会责任还可以影响当地市场的规模和质量，遏制当地腐败现象的发生，从而提高企业的竞争力。

四、收入账户

在对收入来源的分析中，我们也可以看到可代替性的脆弱。比如足球赛中赢的赌金无关紧要，而退税则很重要；在外面吃一顿算不了什么，但付房租应引起足够重视。她发现，人们花钱时对钱的重视程度，是与这笔钱来源的重要性相对应的。而 Kooreman（1997）也作过一个类似的调查，他发现孩子在衣服上的消费，在很大程度上被发给孩子的津贴影响着，而并不被家庭的其他收入所影响。

这种思想也被运用到了公司发放红利的政策中（Shefrin & Statman，1984）。假设一家公司赚了一笔钱，这时他想把一部分利润返还给持股人。一种方法是将它作为红利发到持股人的手中，而另一种是简单地将它用于再次投资。如果不用交税，那两种方法就没有差别了。但是，如果得到红利需要以更高的税率交税，像美国那样，人们就会更愿意将利润用于再次投资。按理说，没有公司会再分红利了。可为什么分红的政策一直在继续呢？人们对大的账户都有按照惯例的预算约束，而拿到手上的红利就像奖金一样，可以放心地花掉，不影响预算。而用于再次投资后，人们看不到实实在在的利润，甚至抱怨零花钱很快就用完了，不得不动用储蓄账户。

五、先前结果与风险选择

卡尼曼和特维斯基曾指出，在赛马场，那些在当天输了钱的人会在当天最后一轮比赛中，押下更多的赌注，因为他们希望挽回败局，至少回到不赚不赔的状态。这种沉淀成本的影响完全取决于对每天关闭心理账户的决定。如果每一轮被看成独立的账户，那先前的赌博就没有影响；相类似，如果这天的赌金是与他所有的财富放在一起的，那么先前的赌博结果也变得无关紧要。假设一系列的赌博放在一起，则每次的结果都会影响之后的决定。第一，先前的得到会刺激冒险以得到更多。这种现象是所谓的"赌场效应"，赌徒总是把先前赢的钱作为以后继续的本钱。所以，赢了钱的赌徒总是把赢的钱放入另一只口袋，不与自己的钱混在一起。因为，不同的口袋代表不同的心理账户。第二，先前的损失不会刺激冒险，除非能提供机会挽回败局。

企业家在落实社会责任，一般都实行项目化，在组织结构、目标上非常清晰。从执行效果上看，比较注重效果，强调连续性，注重长远。在公益慈善活动上，外资企业通常有明显的活动领域和指向，一般以项目形式来运作，注重与权威部门的合作。

六、受限制的框架和损失厌恶

把赌博划分合并的方法，会影响赌博对人们的吸引力。有三组调查对象，按照对自己资产进行评估的频率进行划分，一组是五年一次，一组一年一次，还有一组一年八次。他们都面临两种选择，一种将资产用于买股票，一种买债券。结果不经常评估资产的人大概把 2/3 的资金用于买股票了，而经常评估的人把 59% 的资产用于买债券。另有一例把同样的选择提供给两组人。一组每年得到一次返还，另一组每 30 年才得到一次返还。结果每年得到返还的那组人把大多数资金投到了债券市场，而 30 年返还一次的大多数投资于股票市场。

这种现象被称为被"限制的框架"（Kahneman & Lovallo，1993），项目都作为单个进行评估，而不是作为投资组合。萨勒教授曾在一家公司的部门管理人员中做过这样一个实验，有一项投资，赚 200 万元的可能为 50%，亏 100 万元的可能也为 50%，每一位管理人员代表自己的部门作出是否投资的选择。结果 25 位管理人员中只有 3 位选择了投资。萨勒随后询问这家公司的 CEO，是否愿意让 25 个部门同时接受这样的投资，当时这位 CEO 愉快地答应了。所以，过分的风险厌恶可以通过时间上或种类上的合并来避免。

被限制的分类有时还有消极影响。比如在许多城市，出租车司机每天以一个固定的租费租用汽车，租用的时间是 12 小时，司机可以决定是干满 12 小时还是只干一部分时间。理性的分析告诉我们，司机应该在生意好的时候工作更长的时间。然而，事实上司机在生意好的时候都提前下班了，因为他们对自己每天赚的钱建立了一个目标账户。所以，弹性工作制与每天的工作量目标结合起来使用是消极的政策，人们这时都是以天为单位建立心理账户的。

参考文献

Arkes, H. R. & Blumer, C., The Psychology of Sunk Cost, Organizational Behavior and Human Decision Processes, 1985, 35 (1): 124—140.

Burgstahler, D. & Dichev, I., Earnings Management to Avoid Earnings Decreases and Losses, Journal of Accounting and Economics, 1997, 24: 99—126.

Degeorge, F., Patel, J. & Zeckhauser, R, J., Earnings Management to Exceed Thresholds, Journal of Business, 1999, 72 (1): 1—33.

Gourville, J. T., Pennies a Day, The Effect of Temporal Reframing on Transaction Evaluation, Journal of Consumer Research, 1998, 24: 395—408.

Gourville, J. T. & Soman, D., Payment Depreciation: The Effects of Temporally Separating Payments from Consumption, Journal of Consumer Research, 1998, 25 (2): 160—174.

Heath, C. & Soll, J. B., Mental Accounting and Consumer Decision, Journal of Consumer Reseach, 1996, 23: 40—52.

Kahneman, D. & Tversky, A., Prospect theory: An Analysis of Decision under Risk, Econometrica, 1979, 47: 263—291.

Kahneman, D. & Tversky, A. , Choices, Values and Frames, American Psychologist, 1984, 39 (4): 341—350.

Kahneman, D. , Lovallo, Timid Choices & Bold Forecast: A Cognitive Perspective on Risk Taking, Management Science, 1993, 39 (1): 17—31.

Kooreman, The Labeling Effect of a Child Benefit System, unpublished working paper, University of Groningen, 1997.

Odean, T. , Are Investors Reluctant to Realize Their Losses? Journal of Finance, 1998, 53: 1775—1798.

Prelec, D. & Loewenstein, The Red and the Black: Mental Accounting of Savings and Debt, Marketing Science, 1998, 17: 4—28.

Shefrin, H. M. & Statmean, M. , Explaining Investor Preference for Cash Dividends, Journal of Financial Economics, 1984, 13: 253—282.

Shefrin, H. M. & Statmean, M. , The Disposition to Sell Winners Too Early and Ride Losers Too Long, Journal of Finance, 1985, 40: 777—790.

Thaler, R. H. , Toward a Positive Theory of Consumer Choice, Journal of Economic Behavior and Organization, 1980, 1: 39—60.

Thaler, R. H. , Mental Accounting and Consumer Choice, Marketing Science, 1985, 4: 199—214.

Thaler, R. H. , Saving, Fungibles and Mental Accounts, Journal of Economic Perspectives, 1990, 4: 193—205.

Thaler, R. H. & Johnson, E. J. , Gambling with the House Money and Trying to Break Even: The Effect of Prior Outcomes on Risky Choice, Management Science, 1990, 36: 643—660.

Tversky, A. & Kahneman, D. The Framing of Decisions and the Psychology of Choice, Science, 1981, 211 (30): 453—458.

董志勇,《行为经济学》, 北京大学出版社, 2005 年。

第十一章　企业生命周期与
社会责任的承担

第一节　企业的生命与"S"型曲线

以往我们总是将企业定义为盈利性的组织，这种定义的好处是可以较为准确的描述企业把利润最大化定为主要目标的本质，坏处是限制了人们对于企业内在的理解。

事实上，在法律条款的规定中对于企业的概念早已超出了"组织"本身，而是更多地强调其作为"法人"的身份，在社会、经济环境中进行各种活动。英国著名管理学家查尔斯.汉迪就经常在他的著作中提到，企业是另一种形式的人，她也有自己的成长、兴盛与衰亡期。这一部分，我们就将把这一点引入到企业社会责任的探讨中，通过两者的结合与交融，我们会发现把企业人格化是多么重要。

一、"法人"与"人"

马克思把资本家看作是人格化的资本，企业作为资本家对社会施加影响的主要工具，其作用也当然是资本的本质特征——最大化剩余价值。如此绝对化的视角加大了人们对于企业的偏见，认为企业仅仅是几座厂房和若干张财务报表的集合名词的观点随处可见。然而，企业真的是那么无情吗？

如果我们仅仅把企业看作是组织，那么企业将仅仅作为企业家的工具在社会中执行命令，她的存在与消失都将紧紧地和企业家联系在一起。作为工具，企业可以被轻易地转移甚至舍弃，企业可以做她能力范围以内的任何事而不必承担半点责任，同时也丝毫不用考虑社会道德等外部因素的影响。但事实上，企业在我们的心里并不如此简单。我们会为联想成功收购 IBM 个人计算机部而欢欣鼓舞，也会为达能对于娃哈哈的兼并耿耿于怀。如果企业对于我们来说只是几个符号而已，事情会是这样吗？

法律上把企业定义为"法人"，这种注解给我们理解企业的本质和行为提供一个新的视角。这种规定的由来依然是股份制公司企业。在企业出现的初期，大多数企业都只有一个股东，即是私人企业或者家族企业。在这种情况下，企业作为私人财产，的确不具备"人"的特征，她大多体现的是所有者的意志。由于规模有限，这种企业对于社会、经济的影响也不足，因此没有必要赋予企业"法人"的地位。但是历史发展到了现代，私人企业与家族企业的小打小闹已经很难独立生存在这个资源相对集中、竞争形式规模化了的市场经济中，于是正如我们之前所分析、介绍的，公司制的企业正式登上了经济发展的历史舞台，并在之后的两三百年中始终占据最为重要的地位。这一情况反映在立法上就是"法人"概念的出台。由于企业已经不是某一个人或家族的物品，她必然不可能受一个人所控制，这样企业所包含的内涵就比之前广了很多，也深了很多。作为独立的行事单位，公司制企业要为她所进行的任何活动承担责任或享受利益，她的存在与发展也不再那么紧密地与创始人联系起来。企业的寿命可能很长：我们听说过各式各样的百年老店，从同仁堂到全聚德，还有许多各个城市当地的老牌子；国外的知名企业，包括杜邦、壳牌和爱马仕等，都是有超过百年的历史。当然，短命的企业更是不计其数，特别是现在市场经济成熟多年，各个行业的发展都已经相当完善，刚刚成立的小企业进入市场的成本就已经很大，再要依靠小本经营与拥有相当经验和实力的成熟企业抗争，是极其困难的。与此同时，企业所要承担的责任也仅限于股东的投资总额。有限责任意味着一旦企业破产，其所有者只需承担自己的出资额即可，而无须为之"倾家荡产"。由此看来，公司制企业的出现真正做到了把企业与所有者分离开来，企业的独立人格也从此诞生了。

　　了解了企业作为"法人"的诞生，那么她与"人"到底有些什么不同呢？让我们首先来了解一下"法人"的概念。法人是具有民事权利能力和民事行为能力，依法独立享有民事权利和承担民事义务的组织。法人与自然人不同，是种无生命的社会组织体，法人的实质，是一定社会组织在法律上的人格化。

　　企业法人是具有国家规定的独立财产，有健全的组织机构、组织章程和固定场所，能够独立承担民事责任、享有民事权利和承担民事义务的经济组织。确立企业法人制度的好处，在于使具备法人条件的企业取得独立的民事主体资格，真正成为自主经营、自负盈亏的商品生产者和经营者，在法律上拥有独立的人格，像自然人一样有完全的权利能力和行为能力。企业法人的这种独立资格的意义在于：一是独立于自己的主管部门，企业和主管部门之间是两个完全平等的主体，不是隶属关系，双方只能按照等价、有偿、自愿、互利的原则形成民事法律关系；二是独立于企业成员，即企业法人与组成企业法人的成员互相分离，各自以自己的名义独立参与民事活动，享受权利和承担义务；三是独立的财产权利，从而使企业法人能独立地享有民事权利和承担民事义务；四是独立的财产责任，即企业法人的民事责任以企业自有的财产独立承担，同组成企业法人的成员的财产无关。

　　由上面的介绍，我们不难发现，企业作为"法人"虽然没有生命，但却与有生命的"人"极为相似。企业的主管部门就好像我们每个人的老板，我们要按照老板的要求工作，同时向老板负责；而企业成员则类似于我们周围的人，股东就是我们的父母，员工就是我们的朋友；同样，法人也拥有自己独立的财产权利和财产责任。这些特征都告诉我们，在处理与企业相关问题时，具有"法人"观念是非常重要的。

既然我们已经把企业看作是一类特殊的"人"，那么他们承担社会责任就应该是理所应当的事情。我们每个人都是整个社会大机体的一个小细胞，一生都不断地从社会中获得养分，但是汲取不是生命的全部，懂得付出才是真正的生活意义所在。如果每个人都只懂得获取，那么社会就没有办法维持哪怕一天，而只有人们在获得的同时做出一定程度的牺牲，这个社会才能够运转良好，每个人的生活也会变得更好。既然我们把企业看作是"人"，她与社会的关系也是如此，在利润最大化的同时也要通过各种形式回馈社会。

在我们的调查中，分别有73.6%的企业家和77.36%的普通人士认为企业或企业家应该承担社会责任的原因之一是：每个人都应当承担社会责任，企业家也不能例外。通过下面的两张图我们可以清楚地看见，企业家在总共七个原因中把这一原因列在第二位，而普通人士更是认为这是企业家承担社会责任最主要的原因。由此，我们可以得出一个初步的结论：广泛的来看，整个社会已经就看待企业的性质上达成了一个默契，那就是把企业也当作是"人"来对待。

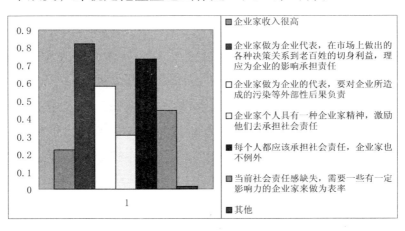

图4　我国企业家应当承担社会责任的主要原因图（企业家版）

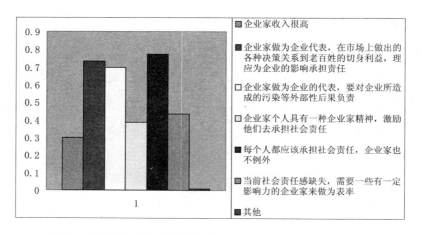

图 5 我国企业家应当承担社会责任的主要原因图（社会版）

二、客观的生命周期

上一部分，我们已经明确了把企业看作是活生生的"人"之重要性，同时也已经从调查中得知社会对企业的普遍看法。那么，既然企业是一类特殊的"人"，她的生命周期是怎么样的呢？就如我们之前所提到的：有的企业存在的历史有上百年，甚至超过了许多国家；而有的企业寿命则很短，也许只有几年的时间。那么这两类差别如此巨大的企业之间究竟有些什么区别呢？在她们中我们能否找出一些共同的东西呢？这些发现对于我们的课题——社会责任——又有一些怎样的含义呢？

为了回答以上这些问题，让我们回顾一下人类的成长过程：自从离开母体，我们就在经历着成长。学龄前的小孩儿生长最快，身体变化最大，几个月不见就几乎认不出来了。而到了十几岁的时候，男孩儿、女孩儿都开始窜个子，身体各个部分也开始变得逐渐成熟，这一过程基本持续到 18 周岁，这也是为什么把 18 岁定为法定成年年龄的原因之一。过了 18 周岁，虽然身体的变化不像之前那么巨大，但随着我们逐渐离开学校、进入社会，头脑也开始成熟起来，尤其是社会交往能力的锻炼对于我们的成长特别关键。孔子说："三十而立"，的确三十岁意味着你无论是生理还是心理都必须全面成熟，生命开始进入一段平稳的发展时期。这时候你有了愿意伴你终身的伴侣，有了基本固定的职业，也有了稳定的社交圈子，生活似乎只是例行公事，但经验的积累还是让你有所进步。既然有成长，我们也不能避免衰老的到来，四、五十岁不是一个令人高兴的年龄，身体状况不如以前，甚至记忆力也衰退得厉害，日复一日的单调、紧张工作让你步入了所谓的"中年危机"。这时你也许紧张，也许害怕，但衰老是所有人都无法逃避的现实。到了退休年龄以后，衰老就变得更加明显，头发变白了，皱纹增加了，背也挺不直了，最终，所有的生命都会走向一个终点。

　　以上的过程用一个图来表示就是：

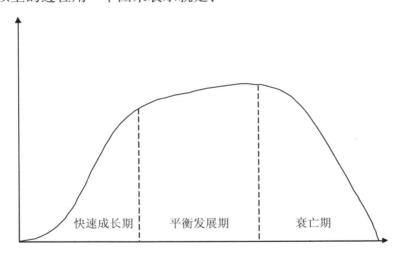

图6　人的生命周期示意图

　　在上面的图中，我们可以明显发现三个不同的阶段：快速成长期、平稳发展期和衰亡期，这是每个人都会经历的自然过程，不同的是分段点也许稍有不同：有些人的平稳发展期可能来得比较晚；而另一些人可能较早地就迎来了自己的衰亡期。

　　懂得这一道理以后，我们就可以借此来分析企业的"生命周期"了。著名的管理学家查尔斯·汉迪在其著作《空雨衣》中就表达过这一思想，他在考察了许多企业之后认为，既然企业也可以被看作具有生命的事物，那么也是存在类似的"生命周期"的，所有的企业都会经历从诞生到成长，从发展到衰亡的过程。可是为什么不同企业的寿命长短差别如此之大呢？汉迪解释道，这是因为企业不像生物，她能够有效克服衰亡期的到来，这在我们之后的分析中会得到详细解释。

在汉迪的分析中，他把重点放在了前两个阶段，这是因为企业只有把自己的"生存状态"保持在前两个状态中才能够尽可能地延长自己在市场中的存活时间。我们不妨把前两个阶段给截下来以便我们分析。

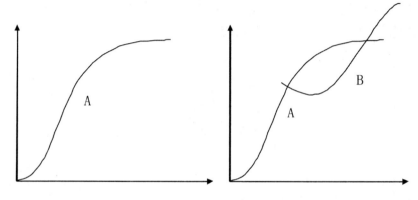

图7 企业发展的"生命周期"图Ⅰ　　图8 企业发展的"生命周期"图Ⅱ

在图4中我们截取了一个企业成长过程A中的前两个阶段，这就是汉迪的理论中著名的"S"型曲线。新生企业由于身处健全的市场之中，利用已有的技术和资源可以较为轻松地获得较快的发展——这就是所谓的后发优势——形成了企业的"快速成长期"。然而，无论什么企业，当其发展到一定时期时，必然会由于种种原因——市场变化、技术问题、对手竞争——遇到进一步前进的瓶颈，发展的速度也降了下来并趋于稳定，这就是图中的"平稳发展期"。如果企业没有找到突破瓶颈的好办法，而市场又没有什么转机，结果很有可能就是企业快速的坠入到"衰亡期"：产品滞销、员工抱怨、资金周转不灵，最后不得不关门大吉。那么怎样才能使得这条"S"型曲线不往下走而是往好的方面发展呢？图5给了我们答案。通过对比，我们发现图5在原来的曲线 A 上又叠加了另一条曲线 B，它代表的意思是企业要从发展过程 A 还没有进行到"衰亡期"之前就寻找到一条全新的发展道路并逐渐转移到这条曲线上。也就是说，当我们觉得企业的发展一帆风顺的时候就要知道这样的发展并不是长远的，到了一定的阶段它必然要走向衰败，因此不得不时刻保持一颗变革的心，随时准备着新的发展轨道的出现，用我们中国人的古训来说就是"未雨绸缪"。只有这样，企业才能在寻找新的发展轨道的过程中不断汲取新的发展源泉，在市场上成为"常胜将军"。

这条曲线的出现并不像图中显示的那么简单，企业家如果没有足够的预见性和前瞻性怎么可能选择另一条正确的发展道路呢？汉迪观察到，事实上，人们总是很不情愿去改变原本发挥很出色的一套机制或技术，他们总是更乐于对原来的方案进行缝缝补补，这样做的结果最多只是延长了企业平稳发展的时期，而不会为企业提供一个更高的发展平台。后面的一节，我们将把精力集中在探讨阻挠企业继续前进的主要障碍——为什么企业家们无法很好的做到这一点？这么简单的道理在实际实施过程中是否也这么轻而易举呢？

第二节　企业家为什么"不思进取"

上一节通过讨论，我们知道了只有把企业看作是"法人"，才能真正地了解到她的本质，才会发现她所独有的生命周期、明白她成长的各个时期的不同特点。在这个基础上，我们才有可能成功的延长企业的寿命，让她在自由市场之中体现出自己的价值。从上一节的"S"型曲线和汉迪的理论中，我们找到了企业在她的发展过程中克服瓶颈和突破障碍的关键在于寻找到第二条"S"型曲线，当第二条"S"型曲线进行到一定阶段时，企业家就有责任寻找下一条曲线以延续企业寿命，如此往复我们就可以找到一系列的"S"型曲线，延长了企业寿命自然也会获得更高的声誉和市场地位，所得的利润也会由此增加。

一、什么阻碍了企业持续成长

经过我们这一番简短地叙述，经营好企业、让企业"长久不衰"似乎是画一条又一条的曲线那么简单，可事实上难道真的这么容易？当然这是不可能的，现实中的问题总是比想象中的复杂很多。首先，要把一个处在某一发展阶段中的企业经营得有声有色就不是一件那么轻松的事情。企业家要面临来自市场的问题、来自企业内部之员工的问题、来自企业外部政府社团的问题以及来自老板的问题，这些问题没有一个是轻而易举就能够解决的，必须运用企业家超人的管理才能、战略部署、个人领导魅力等所谓的企业家精神来予以解决。与此同时，在企业发展过程中，何时去寻找下一个发展阶段、新的发展方向在哪里、如何才能顺利地过渡到新的发展平台上以及到达新的发展曲线上之后所可能遇到的各种新问题，这些都是一个企业家必须要全面考虑和做出抉择的。单从以上这些方面，我们就可以体会到要做好一个好的企业家是多么的不容易，需要的素质是多么的全面且过人一筹。

但是，事实上许多企业没有能够得到很好的发展并不是因为她们的企业家们没有做好以上这些内容。更要命的是，他们根本就没有预见到需要提前寻找企业的另一条出路，或者是他们懒于寻找这样一条新的"S"型曲线，也就是说他们根本就没有给自己的企业机会去参与到新一轮的市场竞争，不战而败了。那么为什么企业家们没有意识去寻找一条新的发展曲线呢？是他们不知道这个貌似简单的道理吗？

虽然这一系统化的道理是由查尔斯. 汉迪通过他的一系列著作表达出来的，但是作为每一个常人，我想不可能不知道这个来源于现实世界的普遍真理，在每个人的日常生活中都肯定了解到这一现象。大的方面来说，每个国家在其发展过程中都会遇到这样或那样的瓶颈。美国虽然仅仅在 1776 年建国，但利用两次世界大战成功的从一个农业国一跃成为世界头号强国，可谓充分发挥了"后发优势"。第二次世界大战结束后，美利坚的发展到达了一个辉煌的最高峰，GDP 总量占到了整个世界的一半以上，她的触角东至日本、韩国，西及整个西南欧，重建几乎整个资本主义世界的任务都由美国一个国家担起。但是我们不能忘记美国 1929～1933 的大萧条，当时的股市崩盘导致了整个资本主义世界的经济大衰退，可以说这就是美国发展所遇到的第一个瓶颈。罗斯福的新政作为一剂强心针挽救了美国，也让她的发展提高到了一个新的高度，也就是为美国找到了一条新的发展曲线。时间发展到七八十年代，代表当年新政思想的"凯恩斯主义"在美国又遇到了问题。政府巨额的财政赤字和税率极高的所得税极大地打击了私人部门的投资热情和人们的工作热情。这时，里根采取了供给学派的政策建议，减少税收和公共支出，同时集中财力开发高新科技，即所谓的"星球大战"计划。到了 90 年代克林顿时代，以硅谷为代表的高科技产业极大地推动了美国的经济发展，进一步巩固了美国在全世界的经济、政治、军事地位。而与此同时，日本却陷入了长时间的经济滞胀，直到现在也没有彻底恢复 80 年代的活力，正是由于没有及时找到适合自己新的发展轨道而导致的。美国历史上的两次变革正是两次寻找新的"S"型曲线的过程。小的事例更是数不胜数，在工作、学习中我们都曾经遇到过这些类似的问题。这么多的事实告诉我们，即使之前没有阅读过我们这本书或汉迪的著作，也是肯定知道这个道理的。那么为什么只有小部分企业做到了百年之久？究竟是什么阻碍了大多数企业实现"可持续发展"呢？

汉迪的调查告诉我们，很大程度上企业得不到充分发展的原因在于企业家，在于他们无法预见或不愿预见下一条"S"型曲线的存在，他们更乐于对原来的系统进行较小幅度的调整。运用行为经济学的相关知识，我们可以对这个现象给予更加深入的分析与解释。

细心的读者可能已经发现，汉迪所描述的这种现象在我们之前的讨论中同样出现过。事实上，我们把这种不愿意改变现状或者乐于维持现状的现象叫做"现状偏见（Status Quo Bias）"。在第七章中，我们已经详细了解了实验经济学的经典理论——"前景理论"，对于分析企业家在履行社会责任时的心理的重要作用，其中最有影响的一个因素就叫做"禀赋效应"。禀赋效应的主要思想是人们对于自己所拥有的东西有着一种珍惜的感情，让他们放弃他们的所有品需要付出很大的代价。这一结论其实可以进一步延伸，人们拥有的不仅可以是具体的物品，也可以仅仅是某种已有的状态。换句话说，人们在某种程度上说是"安于现状"的，不愿改变他们的现状符合他们的心理习惯。这种情况或心理就叫做"现状偏见"。现状偏见的例子在现实生活的很多方面都有体现，例如一项新政策的推广往往需要很长的时间，人们常说的"江山易改，本性难移"也含有这个意思。

企业家受困于寻找新的发展方向，很重要的一个原因就在于"现状偏见"。他们觉得现在的状态即使不是最好的，也是对企业发展很有帮助的。而如果改变就会面临各种各样的未知因素甚至是危险，因此，保持稳定与现状不变是最妥当的办法。正是这种心理导致了我们的企业家不敢创新，不敢突破，乃至不敢承担社会责任。

在现实生活中，我们必须承认，承担社会责任对于一个企业来说正是一个提升自身形象、为企业获得新的发展平台的一个很好的机会。汉迪的理论告诉我们，如果一个企业能够不断开拓创新，那么她获得新的发展机会也就比较大，这样她就有可能借机登上新的发展平台已延续自己的发展壮大。他所枚举的例子中不乏通用、IBM、壳牌石油等国际知名企业，其中一个值得我们推敲的例子是可口可乐。可口可乐作为拥有100多年历史的饮料企业，其商标的价值长时间占据世界品牌价值的头把交椅。但是作为可口可乐主打的可乐产品，其无论是外观还是口味都没有发生过太大的变化。一次最成功的改变就是可乐瓶的设计变成了现在的曲线型，但把这次改变作为提升公司发展平台的尝试也显得过于牵强。事实上，可口可乐在20世纪中叶曾做过一次商标及其颜色的较大改变，结果却是令人失望的，以至于最后又改回到老路上来。这么一家似乎很少改变什么的企业竟然在竞争激烈的市场中存在了那么长时间，而且霸主地位不可动摇，的确是一件令人惊奇的事情。但是，不为人所知的是，可口可乐几乎总是在开发新的产品并不断进行调查与实验。日本的可口可乐就是以一种惊人的速度推出新品种，她几乎每个月都会有新品上市，以此来试探市场对新产品的反应与态度。虽然大多数产品很快就消失在商店中了，甚至都来不及引起人们的注意，但是这种时刻创新的精神大大地推动了可口可乐的持续增长。就在不久前，可口可乐连续实施了两项收购，都是针对软饮料市场，可见其进军软饮料市场的决心和信心。这些变动给了可口可乐进一步前进的动力。

那么社会责任的承担又怎么能给企业以新的机会呢？能否承担社会责任是一个企业是否足够强大的标志。假使一个企业连自己的发展都无法保证又怎么可能去为社会做些什么呢？此外，承担社会责任可以把企业的自身形象从一个纯粹的商业活动机器真正的提升到一个社会参与者、社会有机组成成分的高度上来，这难道不是给了企业一个崭新的发展机会吗？在下一节中，我们会对这一问题进行深入、全面的探讨。

由此可见，狭隘的"现状偏见"思想是扼杀企业成长的凶手之一，虽然这种思想根深蒂固，而且古今中外几乎所有人都会有这种心理倾向，但是如果能够揭开她的神秘面纱，我想包括企业家在内的绝大多数人在进行选择或决策时都会更加理性的进行思考，以便作出对于他们自己和企业都是有利的决定。

另一个导致企业家无法预见下一条"S"型曲线的原因是"锚定心理（Anchoring）"。这个概念说的人们习惯于把某一件事，看作自己做决策的一个参照依据，而不管它是否真的与决策有关。一个简单的实验可以说明并证实这一点：

1974 年，Tversky 和 Kahneman 进行了一个简单的实验，实验的要求是让实验者对非洲国家在联合国中占的席位的百分比进行估计。首先，实验者被要求旋转摆在面前的罗盘，随机地得到一个 0 到 100 的数，然后实验者被暗示他们得到的数字比实际值是大是小，接着要求实验者对随机得到的数字做出调整，以准确估计百分比。实验结果显示，当不同的小组随机确定的数字不同时，这些数字对后面的估计有显著的影响。例如，两个分别随机选定 10 和 65 作为开始点的小组，他们对百分比的估计分别为 25 和 45。由此可见，尽管实验者对随机确定的数字有所调整，但他们还是将估计值"锚定"在这一数字的一定领域内。

　　企业家在这里遇到的一个问题是，他们会想当然的认为目前企业取得的成功是因为当前的企业状态，也就是说，当前企业的运行机制或者是产品策略帮助企业发展良好，那么企业家们就把企业发展和当前的制度"锚定"起来而不愿意改变了。这一现象的直接结果就是企业家不愿意甚至拒绝改革创新，下一条"S"型曲线就这样远离企业了。

二、信息不对称问题

　　以上部分我们介绍了两种人们普遍存在的心理，这些心理状况每个人都有而且对于人们做出决定会产生非常大的影响，阻止人们预见到或者是努力去寻找新的发展轨道就是其中之一。事实上，影响人们做出决定的因素还有一个，那就是"信息不对称"（Information Asymmetry）。这里的信息不对称指的是企业家与市场各自拥有的信息不相同，在这种情况下，企业家进行最优化选择时就有可能偏离自己最初的选择而做出次优决定。

　　由于是第一次提出这一概念，我们在这里有必要对信息不对称进行一番解释。所谓信息不对称是指市场交易的各方所拥有的信息不对等，买卖双方所掌握的商品或服务的价格，质量等信息不相同，即一方比另一方占有较多的相关信息，处于信息优势地位，而另一方则处于信息劣势地位。由于信息不对称而产生的两大问题就是：逆向选择（Inverse Selection）和道德风险（Moral Hazard）。由于道德风险更多是发生在委托代理的过程中，指的是委托人在与代理人签订合同后无法观察到代理人行为而产生的风险，这与我们的情况相去甚远，因此在这里我们将把重点放在逆向选择的解释上。

在讨论逆向选择问题时，我们通常都会引入一个假设的"旧车市场（Lemon Market）"，通过这个市场可以对该问题有一个较为正确的认识。

旧车市场描述的是这样一个市场：在这个市场上，卖家分为两类，一类卖新车，一类卖旧车。买家到车市上来买车，他们知道市场上有新旧两种车，但是不知道哪些卖家卖的是新车，哪些卖家卖的是旧车，这就是旧车市场上的信息不对称。在这种情况下，卖旧车的人就有动力伪装成卖新车的，造成市场上的混乱。买车的人当然也知道车市的情况，因此就只能以新车和旧车的折中价进行购买，显然这个价格是低于新车的售价的，所以新车会因为没有人购买而逐渐退出市场，而最后留在市场上的就只有旧车了，这就是所谓的"逆向选择"。

在我们这里的情况，企业家无法确定进行创新或改革之后，企业的发展情况如何，而消费者也不知道企业新的产品或服务是否真的适合自己，同样会有"现状偏见"的情况出现，因此可能并不会特别偏好企业新的产品。这就造成了市场上只有老产品畅销而新产品无法获得市场份额，这种现象就叫做"劣币驱逐良币"。供给和需求双方面导致的市场可能的疲软使得企业进行改革的动力和信心都不大。

那么如何才能消除由于信息不对称而产生的障碍呢？利用逆向选择的理论可以帮助我们找到答案。在旧车市场中，卖新车的人为了向消费者表明自己卖的是新车，就会想一切办法去提供给消费者信号（signal），以消除对方的信息缺失，其中一个办法就是延长保修期。由于新车质量情况较好，可以允许较长的保修时间，以此来区分于旧车。

也就是说，如果我们能提供足够的信息，让消费者了解到真实的情况，那么信息不对称就会消失，逆向选择也就不会发生了。在我们这里的情况又是怎么样的呢？企业怎么做才能够提供给消费者更多的有用信号呢？

在这里我们又要回归到主题上来，那就是企业对于社会责任的承担。事实上，企业承担社会责任就好像是在向消费者进行宣传，向他们提供信号。这就好比是在旧车市场上，卖者努力提供较长的保修期以表明自己所卖的是新车。如果一个企业能够较好地承担社会责任，消费者就会对于她的产品形成好感，对于推出的新产品也较为有信心，因为他们相信这个企业是对消费者负责的。

关于消费者对于企业承担社会责任的调查，已经有很多学者进行了相关的调查，而且基本达成一致，那就是消费者会倾向于购买社会责任感比较强的企业的产品或服务，而对没有社会责任感的企业予以惩罚。可见，社会责任确实是一个值得消费者信赖的信号，它给消费者提供了从市场上无法观察到的东西，从而有助于消除"信息不对称"。有关这一问题的详细探讨我们将在下一节进行展开。

第三节 克服周期现象

在前面的讨论中，我们集中在考虑企业家为什么无法寻找到企业发展的下一条"S"型曲线，在其中主要有以下这些原因产生了影响：一方面是企业家不知道该如何寻找新的发展轨道；另一方面是企业家无法预见到或者根本不愿意改变现状。总的来说就是无法克服企业本身的经济周期现象。那么，如何克服这种现象呢？勇于承担社会责任就是这一问题最直接、最有效的答案。在前面两节的介绍中，我们曾经提到过一些，这里将对如何尽量延长企业的生命进行深入的探讨。

一、改革与创新

作为较早提出这一问题的著名学者，查尔斯．汉迪提出的解决方法就是改革和创新。事实上也正是如此，改革和创新就像是给企业注入了新鲜的血液，让每个部分的运行都更加顺利，不仅让企业持续盈利，更是企业旺盛生命力的保证。

1983 年，壳牌公司成立了一个专门的课题组，试图通过研究那些比壳牌公司历史更长的公司来探索公司长寿的原因。研究结果认为，大部分公司都未能充分发挥其潜能，它们往往只停留在公司发展的初级阶段，只发挥和利用了潜力中很小的一部分，公司平均寿命要比其潜在寿命短得多。这也就是汉迪所谓的生命周期问题。目前，公司的平均预期寿命一般低于 50 年（Geus，1997）。瑞典的斯托拉公司已有760 多年的历史，算寿命最长的公司，其经历的产业先后有铜矿开采并逐步发展到森林开发利用、钢铁、水力发电、纸张、纸浆和化学产品，生产技术从蒸汽机发展到内蒸汽机、从电力再到微芯片不断地变化。秘鲁的葛瑞斯成立于 1854 年，创立时主营肥料（鸟粪）贸易，然后转到制糖和炼锡业，随后建立了泛美航空公司，今天是一家化学公司，同时也是一家医疗器械公司。有 300 年历史的三井公司，开始时是一家布料店，然后它成了银行，进入采矿业，在 19 世纪末涉足制造业，目前是一家高科技制造业公司。

我们知道，改革与创新作为高级社会责任之一是一个企业自愿承担、没有任何强制约束的，但是，如果真的较好的承担起这一责任，于公司、于社会都是非常有意义的，下面我们就这一方法进行探讨。

首先，让我们来看看什么是创新。创新这个词看似在生活中非常常用，但是具体到经济学的范畴却是各有看法。在熊彼特看来，所谓创新就是建立一种新的生产函数，即将未有过的关于生产要素和生产条件的"新组合"引人生产体系。这种新组合包括：（1）引入新产品。

（2）引入新技术，即新的生产方法。（3）开辟新的市场。（4）开拓并利用原材料新的供应来源。（5）实现工业的新组织。美国管理学家德鲁克认为技术创新是在自然界中为某种自然物找到新的应用、并赋予新的经济价值。在马克思主义经济学看来，正是技术创新主导了企业的持续进步；而在新制度经济学看来，制度创新才是关键因素。事实上，这两类创新在我们当前市场上的企业发展都是非常重要，两者相互联系、相互促进，共同帮助企业家寻找新的发展曲线。

王大州、关士续（2001）通过案例调查发现，在我国确实有少数企业，包括国有企业，开展了卓有成效的技术创新，并依靠技术创新建立了较为强大的市场地位，如青岛海尔、深圳华为、深圳康佳、上海三枪、青岛海信、哈尔滨中药二厂等。究其原因，一方面，它们都不断地进行了力所能及的制度创新，为技术创新的顺利实现创造了必要的制度条件；另一方面，技术创新的成功给企业带来新的生机和活力，提高了员工对企业命运的认同感，又减小了深化制度创新的阻力，从而已初步进入技术创新与制度创新的良性互动过程。由此可见，把技术创新和制度创新有机结合起来对于一个企业的发展尤为重要。

首先，一个运行良好的制度对于技术创新的产生具有很好的保障和促进作用。技术创新最为重要的就是技术人员的创造力和想象力，如果企业能够提供一套较为成熟的制度以激励企业员工进行技术开发，那么这套制度就是成功的。不同的技术创新有不同的制度要求，因此针对不同的技术创新特点不断地进行制度创新，才能使企业始终保有技术上的优势和产业上的持续竞争力。另外，良好的组织制度还应该为企业技术创新提供充分而有用的信息支持。尽可能地减少交流障碍和交易成本，让外部信息、内部信息都自由无障碍地流通并得到最大限度的利用。

此外，制度创新成功与否正需要技术部门的验证与检验。事实上，制度创新也如同技术创新一样也是不断试错的过程，只有通过不断的技术创新，企业才能摸索出什么样的制度安排最适合于技术创新的产生。此外，企业技术创新的全新理念可能使企业制度创新成为一种理性活动和常规。这就意味着研究与创新将成为企业自我认识的重要途径，进而使企业制度创新和技术创新一体化。

这里，我们借用海尔创业的历程，来对两类形式的创新进行案例分析。海尔 1984 年创业，当时她所面临的问题不仅是要尽快解决 148 万元的负债，而且还要在国内冰箱厂已逾百家、进口冰箱又充斥市场的情况下"挤进"这个行业。为此，他们在对 32 家国外厂商进行比较之后，依然决定高起点引进德国利勃海尔公司的技术，同时确定了企业发展的"名牌战略"，通过"引进——消化——吸收——创新"，逐步建立起自己的技术基础。海尔人还特别注意产品质量，力求在整个企业建立起"质量第一"的观念。接着，他们又引入利勃海尔的泰勒管理方式，通过一系列制度创新使企业管理从无序走向有序，也为"质量意识"和"名牌战略"的落实提供了制度上的保证。正是通过技术创新和制度创新双管齐下的努力，1988 年海尔入围全国 500 家最大工业企业行列，用四年时间完成了其艰难起步的过程。

到了 1988 年，改革开放达到了第一个高潮，国内冰箱市场也是非常紧俏，许多厂家都急于扩大生产规模，海尔却仍将注意力集中在通过技术创新和制度创新提高其产品质量上。到 1990 年海尔便晋升为国家一级企业，并获中国家电唯一驰名商标；同时取得美国 UL 认证，使海尔冰箱进入了欧美市场。1991 年海尔集团成立，这说明企业的发展已经上升到了一个新的层次，规模的扩张已成必然。此后，通过不断开发新产品和强化过程控制，海尔在使产品不断更新的过程中逐步形成了自己独具特色的 OEC 管理模式。这样，它又用不到四年的时间打下了蓄势腾飞的基础。

小平同志南巡以后，海尔抓住了这个发展的绝好机会，迅速反应：为适应集团调整产品结构、提高科技含量、扩大生产规模的急需，海尔按"三高（高科技、高创汇、高附加值）一名（名牌战略）"的原则，开工兴建海尔园。其间，海尔集团在实现规模扩张和兼并的同时，进行了以权力分散化为中心的组织结构改革，使日益扩大的集团内各个子公司和各个部门都能"各自为战"而不"各自为政"，使集团内每一小组乃至个人都成为责、权、利相统一的中心，从而在集团内部形成了都以创新为目标而能各自履行创新职能的创新群体。这样，海尔不仅建立了适应于技术创新的一系列新的制度，更为重要的是由此形成了一种企业制度创新机制。在此基础上，通过不间断的技术创新，海尔已培育起一个具有多元化格局的名牌产品群。

从海尔诞生、成长与壮大的过程中，我们不难发现创新扮演的角色多么之重大。更为要紧的是，在海尔内部，技术创新和制度创新两者相互交融、相互促进，在国内市场国际化之际，它不仅能够从容不迫，而且能够主动出击，开始了以创国际名牌为目标的二次创业过程。为此，它制订了新的竞争战略，开始实施从国内市场向国外市场，从制造业向服务业，从直线职能性管理向业务流程重组的市场链等三大战略转移，以实现海尔从研究开发、产品设计、采购、制造到营销服务体系的全球化。海尔的经验对于我们广大正在发展的企业来说是非常重要而有意义的。

二、履行其他社会责任的外溢效应

从前一部分的介绍我们了解到，改革与创新使得企业能够在风云变幻的市场经济中寻找到一条又一条的发展道路，道路多了选择也就更加从容，对于企业的长期发展也是很有帮助。但是，新的"S"型曲线并不仅仅只能由创新带来。在我们之前的分析中就已经知道，创新实际上属于高级社会责任的一种，而高级社会责任的承担需要企业有足够的基本实力，也就是说，只有当企业在市场上形成一定规模并且在社会上有较大影响力时效果才会比较明显。由于科研创新的成本较大，见效却不是那么显著和及时，规模较小的企业进行这方面的投资就显得力不从心。那么作为小企业，是否也能打破企业的生命周期，利用有限的金钱找到下一条关乎企业命运的发展轨道呢？答案是有的，那就是尽好自己的其他社会责任。

　　一般企业应该也能够承担的社会责任就是初级社会责任和中级社会责任，在这两个社会责任之中，初级社会责任包括对股东负责、对员工负责以及对消费者负责；而中级社会责任包括对政府负责、对社区和环境负责。初级社会责任都是与企业直接相关的义务的承担，与此相对应的是与企业间接相关的中级社会责任。这两种层次的社会责任的承担应该来说都是企业的义务，必须做到，否则企业的生存都会成为疑问。但问题是许多企业或企业家对此毫不重视，把这些义务看成是企业经营、赚钱的负担，敷衍一下就过去了。可事实上，这暂时的不利影响却对企业今后的长远发展起到了极为重要的作用。

　　在图5中，我们可以观察到两条发展曲线A和B，在之前的介绍中我们已经知道企业的目标就是力求在曲线A开始下降之前就找到另一条曲线B，并顺利从A转移到B开始新的一条发展道路。如果我们看得再仔细一点就不难发现，曲线B的开端是下降的，而这正是"S"型曲线的一大特点，这一特点是说，从发展轨道A移到B并不是那么一帆风顺的。很多时候企业一开始面临的情况是销售情况有所下降或盈利不是像以前那么高了，甚至有企业家会由于压力或信念不坚定而在这时放弃对曲线B的执著回到曲线A上来，这是多么可惜啊。事实上，要变革就必须经历必要的痛苦，没有这些暂时的压力和负担又怎么可能成就企业的长远发展。长期看来，企业的发展轨道就是这一系列短期发展轨道的包络线，好像走台阶一样，一步一个脚印向着更高处攀登。

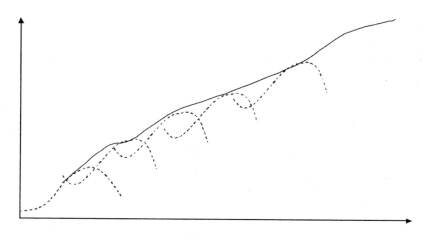

图9　企业长期生命发展曲线

上面的分析印证了一句话："不经历风雨怎么见彩虹"。其实小到个人，大到国家，都符合这个规律，企业当然也不例外。

现在我们明确了企业履行社会责任对于她自身发展的巨大影响，那么对于社会责任的承担又是如何帮助企业找到新的发展平台的呢？在汉迪看来，只要企业做好了她所应该承担的社会责任，新的发展机会自然会到来。他通过观察几十年来美国与欧洲企业发展的兴衰历史，总结出了如下的一段发人深省的文字：

商业的目的并不是简单的赚取利润然后就结束了她的使命，而在于利用所赚取的利润去做一些更好的"事情"，这些"事情"才是商业存在的真正意义。

这段话出现的背景是近年来欧美大公司财务丑闻不断、企业社会责任出现空前真空，因此显得与我们以前所认为的大相径庭，但是这无论对于企业还是社会都是非常必要的。2002年的一项民意调查显示，在美国只有18%的人认为企业对她的股东负责，而高达90%的人觉得无法信任企业家会关心员工的利益，事实上有43%的人认为那些企业的高级管理人员完全是为了自己的利益进行企业管理。这样的调查显然夸大了企业及企业家目前在社会责任承担方面存在的问题，但是对于企业不能不说是一个较为严重的警告。如果大多数市民认为企业的道德丧失殆尽，即使你真的做到了全部的社会责任又有谁会相信呢？在汉迪看来，企业或企业家现阶段疯狂赚钱的代价是耗尽企业今后的发展潜力。

企业履行社会责任就像是一笔投资，投资于社会和环境，换来的是政府和市民对自己的理解和支持。事实上，企业在历史上一直就是社会发展的动力之一，他们致力于研究与开发为科学技术的普及做出了巨大贡献，他们在减少生产成本的同时提高产品质量和服务水平，而且努力让产品与服务更加廉价以使大多数人能够享用，企业并不是单纯赚钱的机器。通过承担社会责任，许多企业都获得了新的发展。举例来说，德国默克（Merck）集团有限公司的宗旨就是"医学的目的是治疗病人而不是赚取利润"。1987 年，他们将一种治疗失明的药物免费投放市场，很多原本付不起医药费的人因此得到了痊愈。尽管如此给默克公司造成了一定的会计上的损失，但这却极大提升了公司形象，对于其后来的发展有着不可估量的作用。这是较为极端的一个例子，我们不能指望所有企业都承担这么重大的责任，但是至少给了我们一个启示：并不一定利润最大化才能赚钱。相反，如果不能很好地履行社会责任，一系列的麻烦都会随时找上门来，要想在市场上拥有长久的生命力是不可能的。

参考文献

Geus, Arie De, The Living Company, Harvard Business Review, 199 March – April, 51 – 5.

Handy, Charles, What is a Business for, Harvard Business Revie 2002, December.

Tversky, A. and Daniel Kahneman, Judgment under Uncertainty: Heuristi and Biases, Science, 1974, 185 (3), 1124 ~ 31.

查尔斯. 汉迪，《空雨衣》，华夏出版社，2002 年.

董志勇，《行为经济学》，北京大学出版社，2005 年.

纪宣明，技术创新、制度创新与企业发展：厦新电子扭亏个案研究，《金融研究》，2004 年第 9 期，163～9.

陆国庆，产业创新：超越传统企业创新理论的新范式，《产业经济研究》，2002 年第 1 期，46～51.

王大洲 关士续，企业技术创新与制度创新的互动机制研究，《自然辩证法通讯》，2001 年第 1 期，第 23 卷，38～96.

第十二章　企业社会责任标准评估体系

第一节　企业社会责任标准的概述

一、SA8000 标准建立的背景

经济全球化背景下，国际市场的激烈竞争，使企业社会责任问题成为不同利益集团斗争的焦点，衡量企业社会责任的各种守则或标准也相继问世，并在国际范围内的不同行业广泛推行。这些标准或守则，大多由非政府组织制定、推出，泛称为"企业社会责任国际标准"，其内容涉及劳工权益、消费者权益、环境保护等多个方面。随着时间的推移，各种企业社会责任标准的"民间"认证，被当作企业取得国际市场竞争优势的一种必要手段，已经引起国际社会的普遍关注和高度重视。

1962 年，美国的肯尼迪总统提出了"安全权"、"了解权"、"选择权"和"意见受尊重权"等消费者的四大权利，1969 年尼克松进一步提出消费者"索赔权"的第五大权利，将世界范围内的消费者运动推

向新高潮，成为企业"社会责任运动"的主潮流。消费者运动开始以争取洁净食品和药品为斗争目标，逐渐扩大到包括汽车等耐用消费品，近二十年来进一步发展到关注企业产品售后服务质量、垄断定价和生产过程中劳工权益保护等更多领域。消费者运动的重要性不只简单地在于它对产品发生的直接影响，而是对公民产生的心理影响。艾利斯·罗伯茨说："真正重要的是它使这个国家的人民认识到他们可以勇敢地面对制造商，因为他们了解产品背后的事实真相"。消费者运动通过"购买决策"行为，对企业经营活动的影响越来越大，迫使企业不得不注重其"社会责任"形象，并且在生产过程中实行严格的自律，从而促进了一场日益浩大的企业"生产守则"运动。据经济合作与发展组织（OECD）2000年的统计数据显示，至2000年，全球共有246个生产守则，它们绝大多数都是在20世纪90年代制定的。其中118个是由跨国公司独自制定及实施，92个由工业和贸易协会制定，32个由多边机构共同制定，另外4个守则的制定者是国际政府组织，在守则的内容方面，有37个涉及纺织和成衣工业。这些生产守则的制定者主要分布于美国、英国、澳大利亚、加拿大、德国和瑞士。企业生产守则运动发展十分迅速，到2001年，据统计，这样的守则已经超过400种。

在以不扩大的企业生产守则为中心内容的企业社会责任运动中，有一个颇为明显的特点，就是20世纪前期的这些企业社会责任运动大都是各国国内呈现的现象，且主要致力于本国一些具体矛盾的解决。随着企业大型化过程加速，20世纪早期出现了世界级的超级企业"托拉斯""康采恩"等。各国之间在解决国内企业社会责任矛盾的同时，进一步加快了企业大型化速度，随之而来的是国与国之间展开了"关税大战"，从而阻碍了国际贸易发展，加深了当时的世界经济萧条，直接催化了第二次世界大战。在国际贸易发展史上，关贸总协定（GATT）的诞生成为"二战"以前惨痛教训的直接产物。GATT订立40多年来，成功地促进和保证了大部分世界贸易的自由化。世界贸易自由化给跨国公司带来的好处是明显的，企业规模进一步膨胀，贸易范围扩大，资本流动加快，投资效益更大。但同时也带来许多新问题。各国一直没有间断的生产守则运动，和各国企业"各自为政"的形形色色的"生产守则"，给世界贸易中的跨国公司带来了麻烦。许多公司一方面要推广本公司的社会责任守则，另一方面又要遵守行业性、地区性、全国性或者贸易伙伴所规定的生产守则。这就为新的贸易保护主义抬头创造了条件。一方面，自 20 世纪 80 年代后期以来，具有更强隐蔽性和针对性的技术贸易壁垒，成为非关税壁垒的主要手段，严重威胁着 GATT 所倡导的自由开放贸易原则。另一方面，由于各贸易国之间生产守则历史发展差异，和消费文化的差异，致使企业之间生产守则价值取向明显不同，国际贸易中"南北"矛盾加剧。发达国家以技术为优势，极力削弱发展中国家劳动力低廉的优势，而来自发展中国家的企业，在履行社会责任方面又存在大量"假信息、假材料"问题，有 40%～50% 的企业提供的有关劳动保护等方面的材料是假材料，这也使得非关税技术贸易壁垒愈筑愈高。

　　为解决各国在国际贸易中把"生产守则"与贸易挂钩的困境，1999 年 1 月在瑞士达沃斯召开的第 29 届世界经济论坛年会上，联合国秘书长安南提出私营部门与联合国之间签署"全球协定"，从《人权宣言》、国际劳工组织关于基本原则和权利的宣言、1995 年哥本哈根社会问题最高级会议、1992 年联合国环境和发展大会的《里约环境与发展宣言》中摘选后，确定了 9 点"核心价值观"，得到了许多国际组织和跨国公司的支持。同时，在 1999 年末的联合国"千年首脑会议"上，联合国秘书长安南也强调提出，"有些国家坚持把发展中国家在劳工、环境和人权领域是否达到某些标准当作贸易自由化的条件，这个问题必须慎重处理，以免成为保护主义的另一个借口"。许多国际组织还按企业社会责任的要求积极酝酿新的企业行为标准，如经济合作与发展组织自 1999 年起即着手修订"跨国公司准则"，以期建立一套对全社会负责的跨国公司行为基准。公司和消费者都希望制定一个类似 TS09000 的标准的、全球通用的社会责任标准，同时建立一套独立的认证认可机制。此时，经过"关贸总协定"乌拉圭多边贸易谈判成功后所建立的世界贸易组织（WTO）正式启动了，为在世界贸易组织143个成员国间推动实施这种全球通用的社会责任标准创造了历史条件。此外，ISO9000产品质量国际标准和ISO14000环境质量国际标准的全球成功推广，也为新的社会责任国际标准认证机制建设提供了实施榜样。在这样的形势下，1997年，由总部设在美国的社会责任国际（Social Accountability International）（简称SAI）发起并联合欧美跨国公司和其他国际组织，起草了社会责任国际标准（Social Accountability 8000 International Standard）（缩写为SA8000），建立了SA8000社会责任标准认证评估体系，旨在通过有道德的采购活动改善全球工人的工作条件，最终达到公平而体面的工作条件。经过18个月公开咨询和深入研究，SAI发表了SA8000标准第一个修订版，即SA8000：2001，受到欧美国家工商界和消费者的普遍欢迎和支持。从SA8000诞生之日起，SA8000的目标就在于为所有国家、所有行业的所有公司订立一种通用标准，从而确保制造商的生产模式符合统一标准，并最终保障工人得到合理待遇和理想的工作环境。

二、SA8000 的建立及其基本内容

国际社会责任运动的推动方式主要以社会责任标准作为其实施和验证的工具和手段。当今国际有关社会责任的标准归纳起来主要分为三大类：通过代表制程序制定的政府及政府间组织的标准，包括国际劳工组织的有关公约、联合国人权宣言等；非政府组织制定的民间标准，包括联合国全球契约（GC）、道德贸易行动（ETI）准则、SA8000等；各跨国公司自身制定的供应链行为准则，这些公司有迪斯尼、沃尔玛、耐克等。

创立于1997年并于2001年修订发布的SA8000社会责任国际标准，只是这众多企业社会责任标准之一，不过它是一个很重要的企业社会

责任标准，因为它不仅是一个社会责任国际标准，而且它是全球第一个可用于第三方认证的社会责任管理体系标准。SA8000 标准是继IS09000、IS014000 之后发布的又一个涉及体系的认证标准。任何企业或组织都可以申请通过 SA8000 标准，向客户、消费者和公众展示其良好的社会责任表现和承诺。SA8000 标准的核心内容是针对劳工的保护标准。

与社会责任守则比较，尽管 SA8000 标准和社会责任守则（生产守则）都关注劳工标准，关注改善劳动条件，但二者之间仍有较大的区别，即：SA8000 标准可用于独立的第三方认证审核，通过 SA8000 标准的公司将由 SAI 公布，而守则只用于公司内部的第二方审核，审核结果一般不对外公布；SA8000 标准是一个公开的标准，由来自不同利益相关组织的代表制定而成，而守则一般是公司自行制定的内部政策或是公司决定采用的外部守则，当然任何公司也可以采用 SA8000 标准作为公司守则；SA8000 标准由经过 SAI 认可的认证公司的专业审核员进行审核，每半年一次监督审核，而守则由公司决定谁来监督，如何监督和何时监督；SA8000 标准内容覆盖基本的劳工标准的 8 个方面，而不同的守则内容可能各不相同，有些守则可能还包括了环境保护或社区关系的内容；SA8000 有社会责任表现的要求外，还有管理体系的要求，而守则有社会责任表现的要求，而无管理体系的要求；SA8000 标准并不要求检查公司的供应商和分包商，但该公司有责任去控制它的供应商和分包商，而守则要求公司所有供应商和分包商都必须遵守，特别是生产带有公司名称、商标和标志产品的供应商和分包商。

SA8000 标准除了采用 ILO 相关公约之外，还直接采用了 IS09000质量管理标准和 IS014000 环境管理标准所采用的管理体系模式。并且SA8000 标准和 ISO 标准一样，也都有管理体系和持续改进的要求。对于审核员和认证机构来说，两套体系都是基于相似的方法，但是二者之间仍然存在不少差异，差异如下：不同于 ISO 标准，SA8000 标准有管理体系和社会责任表现两方面的要求，单有良好的管理体系不足以保证符合 SA8000 标准；ISO 标准最初是各个国家单独制定的国家标准，然后由 ISO 整合成为国际标准。而 SA8000 标准一开始就是全球性标准；认证审核中的作用比在 ISO 认证审核中的作用重要得多，因为 SA8000 标准关注的是工人权利，工人对他们自己的权利有最直接的感受；SA8000 标准各个要素之间的相互关系更加密切

认可机制不同，ISO 标准在每个国家都有国家认可，国际标准化组织（ISO）并不是一个认可组织，而 SA8000 标准只有一个认可机构，即 SAI。

SA8000 标准共有三个部分 54 项条款，由 9 个要素组成，每个要素又由若干子要素组成，由此构成社会责任管理体系。这 9 个要素包括：童工；强迫劳动；健康与安全；结社自由及集体谈判权利；歧视；惩戒性措施；工作时间；工资报酬；管理体系。截至 2004 年 8 月，全世界共有 40 个国家和地区的 387 家组织获得了 SA8000 标准认证证书。我国所获 SA8000 标准认证的企业，主要分布在东南沿海贸易较发达省份，其中广东最多，有 31 家，占我国通过 SA8000 标准认证的企业总量的 59.6%。

SA8000 标准以承认所在国家的法律为前提，强调社会保障、环境保护，旨在通过有道德的采购活动改善全球工人的工作条件，最终达到公平而体面的工作环境。在企业发展的问题上，它更多地考虑到了人的全面发展和人的最基本需要。由于 SA8000 标准是欧美发达国家按照他们的劳动环境和劳动条件制定的，对发展中国家来说，按这样的标准实施，企业的费用肯定要大幅增加。但利用该标准改善企业生产环境与管理，从科技创新、提高产品质量、增强产品竞争力等方面找出路，重新构建制造费用，不仅是完全可能的而且是非常必要的。

SA8000 标准从三个方面对企业履行社会责任提出了最低的要求，并配套有完善的管理体系的运行模式，其内容结构包括：

（一）劳动保障方面

1. 童工

在就业最低年龄、年幼工人、学生、工作时间、安全工作区等方面，企业（组织）必须遵循有关法律法规的规定。公司不应使用或者支持使用童工，应与其他人员或利益团体采取必要的措施确保儿童和应当受义务教育的青少年的教育，不得将其置于不安全或不健康的工作环境或条件下：（1）不使用或不支持使用童工。（2）救济童工。（3）童工和未成年工教育。

2. 劳动补偿

公司支付给员工的工资不应低于法律或行业的最低标准，并且必须足以满足员工的基本需求。雇主必须发给津贴、代扣保险等费用，不得弄虚作假规避法律。员工能自由处置收入，公司应提供一些可随意支配的收入并以员工方便的形式如现金或支票支付。对工资的扣除不能是惩罚性的，并应保证定期向员工清楚详细地列明工资、待遇构成。应保证不采取纯劳务性质的合约安排或虚假的学徒工评估体系以规避有关法律所规定的对员工应尽的义务。

3. 安全卫生

公司应具备避免各种工业与特定危害的知识，为员工提供健康、安全的工作环境，采取足够的措施，最大限度地降低工作中的危害隐患，尽量防止意外或伤害的发生；为所有员工提供安全卫生的生活环境，包括干净的浴室、厕所、可饮用水、洁净安全的宿舍、卫生的食品存储设备等。具体条款包括以下内容：（1）安全、健康的工作环境。（2）任命高层管理代表负责健康与安全。（3）健康与安全培训。（4）健康与安全检查，评估和预防评估体系。（5）厕所、饮水及食物存放设施。（6）工人宿舍条件。（7）结社自由及集体谈判权利（公司就尊重所有员工自由组建和参加工会以及集体谈判的权利）。（8）尊重结社自由及集体谈判权利。（9）法律限制时，应提供类似方法。（10）不歧视工会代表。

4. 工作时间

公司就遵守适用法律及行业标准有关工作时间的规定，标准工作周不得经常超过 48 小时，同时雇员每 7 天中至少休息 1 天。加班工作应支付额外津贴，任何情况下每位员工每周加班时间不得超过 12 小时，且所有加班必须是自愿的。（1）遵守标准和法律规定，至多每周工作48 小时。（2）至少每周休息一天。（3）每周加班不超过 12 小时，特殊情况除外。（4）额外支付加班工资。

（二）人权保障方面

1. 成立社团的自由、以集体名义争取权益的权利

企业（组织）必须尊重全体员工组织并允许其加入自己选择的工会，以集体名义争取自身的权益。

2. 强制劳动

决不允许强制劳动，或者通过受贿、付押金等途径雇佣员工，企业（组织）必须允许员工按时下班，允许员工辞职。公司不得使用或支持使用强迫性劳动，也不得要求员工在受雇起始时交纳"押金"或寄存身份证。

3. 歧视

公司不得因种族、社会等级、国籍、宗教、身体、残疾、性别、性取向、工会会员、政治归属或年龄等而对员工在聘用、报酬、培训机会、升迁、解职或退休等方面有歧视行为；公司不干涉员工行使信仰和风俗的权利和满足涉及种族、社会阶层、国籍、宗教、残疾、性别、性别、性取向、工会会员、政治归属需要的权利；公司不能允许强迫性、虐待性或剥削性的性侵扰行为，包括姿势、语言和身体的接触。（1）不从事或支持雇用歧视。（2）不干涉信仰和风俗习惯。（3）不容许性侵犯。

4. 劳动纪律

不允许体罚、精神上或肉体上的强制行为或语言攻击。公司不得从事或支持体罚、精神或肉体胁迫以及言语侮辱。不使用或支持使用体罚、辱骂或精神威胁。

（三）管理系统方面

企业（组织）高层管理阶层应根据本标准制定公开透明、各个层面都能了解并实施的符合社会责任与劳工条件的公司政策，以保证适用法律和法规的实施，要对此进行定期审核；委派专职的资深管理代表负责，同时让非管理阶层自选出代表与其沟通，确保管理层回顾、反省过去的工作；建立并维持适当的程序，证明所选择的供应商与分包商符合本标准的规定；建立提出问题和建议的途径；与审核人员公开交往；提供依法办事的证据；出示支持文件的记录。具体条款包括以下内容：（1）政策。（2）管理评审。（3）公司代表。（4）计划与实施。（5）供应商/分包商和分供商的监控。（6）处理考虑和采取纠正行动。（7）对外沟通。（8）核实渠道。（9）记录。

三、SA8000 管理体系的运行模式

社会责任管理体系是公司全面管理体系的组成部分，其中包括实施管理所需要的组织、计划和实施、职责和权限、程序、过程和资源。SA8000 社会责任管理体系运行模式与 ISO9000 质量保证体系、ISO14000 环境管理体系和 OHSAS18000 职业安全卫生管理体系等标准的运行模式相似，共同遵守艾德华·戴明（W·Edwards·Deming）PDCA 管理模式（又称"戴明环"），主要分为四个阶段：

1. 计划阶段（PLAN）：根据公司政策和客户要求，制定公司目标，以及实现的过程和措施。

2. 实施阶段（DO）：根据计划，实施并有效地控制已经制定的过

程和措施。

3. 验证阶段（CHECK）：根据公司政策、目标和要求，监督监测过程和措施的运行，必要时采取补救和纠正行动。

4. 改进阶段（ACT）：根据公司目标要求，定期评审公司管理体系及运行，确保管理体系的持续适用性、充分性和有效性，以达到持续改善的目的。

SA8000 是一个系统化、程序化和文件化的管理体系，组织建立符合标准要求的社会责任管理体，并有效实施它，将使组织能够持续改进社会责任表现，实现经济效益与社会效益的统一。

四、其他企业社会责任标准评估体系

WRAP 认证计划旨在促进及验证全球各地的合法、人道和合符道德的生产做法。参与 WRAP 认证计划充分说明缝制产品工业通过坚决遵守各项 WRAP 原则，对推行对社会负责任的业务做法的承担。这项计划尝试透过验证从事制造服装的生产设施符合"环球服装生产社会责任组织"的各项原则——涉及劳工政策、工厂条件及遵守环境管理和海关规定的核心标准来达到上述目的。计划是一个以工厂为中心的认证计划。参与计划的工厂自愿同意由一名独立监察员评估设施是否履行上述原则。计划的持续执行由 WRAP 认证委员会负责，委员会由一个独立的董事会和多名行政人员组成，全部成员均为知名人士。WRAP 审核生产设施的遵从情况报告、批准委任独立监察员，并验证设施已符合有关原则。

ICTI 即 International Council of Toy Industries，是国际玩具业协会的简称，是一个大约由 20 个国家的玩具业协会组成的联合商会，这些国家包括美国、中国、香港、英国和其他主要的玩具生产国和消费国。以各属会员公司代表的身份，提倡玩具厂的经营务必达到合法、安全、卫生的社会要求。ICTI 侧重于实际的操作和结果，而 SA8000

除了要达到普通的验厂效果外，还要求有一整套接近 ISO 的控制程序。

第二节　SA8000 在中国的现状

一、SA8000 标准在中国实施及困难

SA8000 标准从其诞生起，很快就选择了在世界上人口最多、最需要开展劳工保护的中国大地着陆，并在短短三年多时间里，中国就拥有了世界上最多的 SA8000 标准认证证书，其势可喜。但是，中国企业实施 SA8000 标准认证的确面临着一些较大的困难：一是，目前中国企业 SA8000 标准的认证还处于起步阶段，政府和行业协会方面也还没有采取积极有力的宣传引导措施，大多数企业对该标准还缺乏深入的认识和研究，有些中小企业还处于对 SA8000 标准了解很少的状况。二是，部分企业的经营管理现状难以达到该标准的要求。特别是劳动密集行业中的中小企业，沿袭的经营管理模式中，普遍对工人劳动时间、工作环境等因素缺乏重视，经营理念和经营方式与 SA8000 标准的要求存在较大差距。三是，国内认证机构较少，认证的成本较高。

纵观中国企业实施 SA8000 标准所面临的这些问题，究其原因是多方面的。就中国当前的社会条件说来，企业社会责任运动作为一种外来的运动，并未融入中国的劳资关系调节体系，目前只是企业内部与客户或供货商与跨国公司之间的经济行为。作为中国企业，是为了获得订单而不得不接受的行为；作为跨国公司，在更大程度上是为了维护自己的社会形象。所以，目前的社会责任运动在中国便具有更多的商业性质和商业目的。就这一运动的运作方式而言，目前所采用的两

种方式，即"自我约束"的企业内部的劳工标准监察，或是"社会约束"的公证机构的劳工标准认证和检查，在具体实施中既没有和国内的劳动执法和监督机构相结合，又没有其他的非盈利机构监督，致使这一监督认证方式的实际效果大打折扣。由此看来，对于社会责任在中国实施的性质和实施办法必须加以认真检讨，并采取相应的对策。否则，这一运动在中国或者只是走走过场，成为跨国公司和相关企业的"形象工程"；或者由于这种欺骗和压制工人的做法，更加激化劳资矛盾，反而影响企业和社会的稳定发展。

二、对我国实施 SA8000 标准问题解决的建议

推进我国企业界实施 SA8000 标准是一个系统的社会工程，包括政府宏观政策调控、企业信用体系、社会舆论监督、法律法规建设等。SA8000 规定：公司应遵守国家及其他适用法律、公司签署的其他规章以及本标准。当国家及其他适用法律、公司签署的其他规章以及本标准所规范议题相同时，应采用其中最严格的条款。目前我国尚没有关于企业社会责任的法律法规条款，只是在劳动法、社会保障法、合同法等法规中涉及企业与员工之间的利益关系调整。有必要参照 SA8000标准的有关准则分析我国劳动法、社会保障法、合同法等有关条款，在对其进行补充、修改的基础上，形成相对独立的企业社会责任法规体系。

政府在推进 SA8000 标准的实施的过程中主要起到以下作用：（1）积极完善我国与 SA8000 标准相关的法规法律建设，消除不合理的劳工问题，保护劳工的权益。政府在改善国内劳工条件方面应发挥其应有的作用，应不断加强国内职业安全卫生和劳工管理；依据我国目前已有的相关行业和工业劳动标准，不定期地对企业进行抽查；为工人反映情况创造便利的渠道，便于劳动管理部门迅速做出答复，以保护劳工的权利；政府应尽快建立统一的国内就业市场，消除就业中存在的

种种歧视性做法等。（2）建立关于 SA8000 标准的预警机制。由于 SAI、ISO 和各国政府经常对其技术法规和标准进行修订，企业获取关于生产法规和标准的难度加大，如果企业信息不畅，不能按照已经变化了的法规和标准要求生产产品，在出口时就会遭遇壁垒。因此有关政府部门应尽快建立 SA8000 标准的预警机制，负责收集、跟踪国外的 SA8000 标准的相关措施，建立 SA8000 标准信息中心和数据库，建立相关的面向全社会公开的信息数据库和网站，方便企业查询，为企业提供相关咨询服务。

第三节　企业社会责任评估体系的意义

一、建立企业社会责任评估体系的必要性

基于对消除企业给社会造成的负外部性的考虑，为提供使经济协调有序发展，兼具效率与公平的这样一种极具经济价值的服务的供给者。回顾人类自身经济发展的历史，尤其是自工业革命以来，对企业社会责任评估体系的需求正是来源于已经出现和正在出现的人作为一切经济行为最终的目的以及人的经济价值不断提高的这一趋势；来源于人类除了考虑自身的不断发展，更对我们周遭的一切深切的关注与人文关怀。

企业行为的负外部性带来的是环境污染、资源配置的低效率、甚至是危害几代人的恶劣后果（如生态恶化，物种灭绝等）。从庇古到科斯，众多的经济学家，包括社会学家、法理学家，都在致力于尽力消除企业负外部性的研究与探索。从现实来看，企业社会责任评估体系在解决负外部性问题上具有如下几个特点：

首先，企业社会责任评估体系具有约束企业从主观上采取负责任

的态度行事的教化功能。斯蒂格里茨就认为，进行社会准则和社会价值的宣传和教育是解决外部不经济的另一种方法。这种教育就是"黄金律"教育，即"要产生正外部效应"和"不要产生负外部效应"，也就是孔老夫子所说的"己所不欲，勿施于人"。由于人本质上是社会性的人，因而人的行为必然相互影响，所以人们必须用社会准则来要求自己。企业同样如此，既然企业要想从社会获取利润，达到经营目标，那么企业就必须按"社会可接受的方式"行事，那就是不产生负外部性。

其次，企业社会责任评估体系在解决外部性问题时有不可比拟的灵活性。在现代经济环境里，随着企业规模越来越大，企业的经济行为日益广泛和深刻地影响着社会的各个方面，面对着日益众多的受到企业经济行为负面影响的团体和个人以及更多潜在的利益相关者，税收、政策立法和政府管制已不可能完全清晰的界定外部性的影响程度和范围；市场机制的不完善和自身缺陷，交易费用的存在，通过谈判和订约将外部性来完全的内部化也不可能。而外部性又日益复杂化，外部性的双向作用，加之非经济活动的外部效应，使得边际损害更加难以测定、产权关系更加难以清晰界定。这时，企业社会责任评估体系就体现出它在应付类似问题时的灵活性，随着经济行为以及其所带来的效应的多样性，社会责任的范围也将会随之扩大。

最后，企业责任评估体系在应付信息不对称情况下的外部性问题时有自己的优势。现代经济，特别是进入后工业化、知识经济时代，信息不对称的情况是常态。企业作为某个领域高度专业化的分工者，它所具备的知识和信息往往要大大多于社会公众，甚至政府。企业要比任何其他人要更清楚地知道它自身的行为会给社会带来多大的负外部性，对企业所造成的负外部性进行监控的成本是十分高昂的，甚至是无法做到的。即便政府能较为准确地监控到企业的负外部性所带来的边际损害，无论是税收，还是管制和立法，都是滞后的手段，损害已经无可避免地发生了，诸如温室效应、物种灭绝之类的负外部性，无论你征再高的税，施以多重的处罚，这样的损害是无可弥补的。而企业责任评估体系将在一定程度上缓解这样的矛盾。

二、企业社会责任评估体系建立的可能性

一项评估体系能否建立，关键是看这项评估体系是否能被社会中大多数成员接受和普遍采用。企业社会责任评估体系的建立与否也取决于被接受和采用的临界数量，一旦它被相当数量的企业接受并履行社会责任，企业社会责任评估体系就会保持下去并最终建立起来。原因有以下三点：

第一，来自市场巨大的竞争压力，迫使企业采取一切竞争手段，而履行企业社会责任将会是一种有效的非价格竞争方式。首先，企业承担社会责任有利于优化并创造更广阔的生存环境。例如，企业如果能为保护环境、保障生活质量、维持各项事业发展主动承担社会责任，就可以避免政府部门、社会团体、普通公众对企业的指责、惩罚以及行为上的限制，保证企业正常的生产经营活动不受干扰，使决策和经营具有更大的灵活性和自主性。有的企业还可能受到政府的奖励，享受各种优惠的政策。其次，企业主动承担社会责任也是一种促销手段，一种广告形式，它有利于企业树立良好的形象，吸引更多的消费者。虽然从短期来讲，有时企业承担社会责任也许不会立即带来利润的增加，但是符合社会公众利益的行为会使企业因顾客的青睐而获得社会各界的支持，为获得企业长期利润准备了条件，从长期看对企业是有利的。与此同时，社会舆论监督又在一定程度上对企业的负外部性行为起到了有效地监督。报刊、广播、电视等新闻媒介对环境及资源的破坏者进行广泛深入的曝光和跟踪报道，可形成对外部不经济的制造者的外部约束监督机制，更加迫使企业主动的履行社会责任。那些环境及资源的破坏者们将逐渐被社会公众所排斥而被逐出市场，相反，那些承担社会责任的企业将得以生存并逐渐壮大。

第二，企业与社会，企业与公众之间一种包括不信任、对立甚至仇恨的情绪在一定范围内的存在使企业社会责任评估体系的建立在客观上成为可能。企业是存在于社会中的，企业的整个生产和营销活动都要在这个社会环境中进行和实现。反过来说，没有企业生产的产品，社会的许多需求也无法满足，社会也无法存在。但这两者之间的关系是要通过市场的环节实现的。正是市场这个环节造成了一种双方关系紧张的可能性。而通过强调，并切实履行企业的社会责任，就可以在一定程度上化解企业与社会的紧张关系，从而改善企业存在或经营的社会环境，以便为企业的发展创造更好的条件。

第三，现代企业的特点也为建立企业社会责任评估体系创造了条件。与完全以利润最大化为目标的经济性功能的古典企业相比，现代企业的目标更多元化，功能更多样化。企业的管理者有自己的独特偏好，有自己的文化背景，他们除了要为股东赚取利润，也会建立满足自身要求，具有自身特点的企业形象和企业文化。多功能化，巨大化的现代企业的多样化行动使得对外部环境的影响力要远远大于古典企业，现代企业社会性、政治性功能日益明显。企业不仅是谋求利润最大化的经济体系，它又是包括社会的、心理的及政治的等诸方面的复合性社会机构。而企业社会责任评估体系就为满足现代企业的特点提供了一个较好的平台，它会带上不同企业各自领导者独特的烙印，不同企业执行不同功能的特点，成为企业核心竞争力的一个重要组成部分。

近些年来，许多公司已经将强调社会责任列入公司治理的组成部分，这说明强调企业的社会责任已经不是某些公司的个体行为。尤其是许多跨国公司开始采用他们自己的关于社会责任问题的行为守则，这些守则有时也吸取某个行业的守则或一套国际经营守则。这里列举如下几种社会责任方案：

（1）英荷壳牌石油公司在其"一般经营原则"中明确指出：处理经济事务要本着一个有责任心的社会企业成员的身份，遵守所在国有关安全、环境标准和社会准则的法律和规定，同时公司政策应符合国际上现存的自发的多国企业行为守则，即经济合作与发展组织的《国际投资和多国企业声明与决议》和国际劳工组织的《三方宣言》。

（2）丰田汽车公司在其1992年颁布的"丰田指导原则"中提出，公司在以世界公民的身份实现增长和发展的原则下，坚持国际公认的企业道德标准，通过重视安全和环境问题，为各地人民的生活更美好服务，公司要成为每一国家相关社区有贡献的一员。

（3）利维斯特劳斯在强调全球价值观的基础上，构建了全球社会责任框架，主张将公司理想与第三世界的现实协调一致，同时特别要求其经营伙伴要在环境要求，道德标准，健康与安全，法律要求，雇佣规定和社区改善等方面符合条件。

（4）西巴盖奇化学公司在对发展中国家履行社会责任方面做了有益的探索，提出了在发展中国家经营的如下总原则：与发展中国家建立伙伴关系，提高其经济发展潜能；公司经营除以经济为标准外，还要考虑对东道国发展的影响；如果发展中国家对其经济实施保护，公司予以配合；公司建议其伙伴不摄取双重利益；在产品质量，安全和环保方面执行全球统一标准；公司设立内部风险基金，以解决其在发展中国家进行有利于当地社会活动中所面临的困难。

由以上所列举的一些企业的社会责任方案可以看出，企业履行社会责任已日益成为一些企业角逐市场竞争，提升企业价值和核心竞争力的一种重要手段。

三、企业社会责任国际标准的性质与效力

就当前来看，企业社会责任标准归纳起来可以分为三大类：一是政府间国际组织推出的标准；二是非政府组织制定并推行的标准；三是各跨国公司自身制定的产品供应链企业的行为守则。这些都泛称为"企业社会责任国际标准"。

（一）企业社会责任国际标准内容规范的基础

从现有情况看，上述三类企业社会责任标准，在法律上一般都涉及两个方面的内容：其一，企业法人国内的相关法律、法规；其二，相关国际人权法律（包括国际劳工标准）文件。这两方面内容的相互结合、相互补充和相互作用，共同构成了泛称的"企业社会责任国际标准"内容规范的基础。

企业社会责任国际标准所涉及的国内法律、法规，属于主权国家的域内问题，尽管比较敏感，但对于国内的企业法人来说，在适用此类法律、法规方面，一般不应存在太大的问题。但对于国际标准所涉及的国际条约或者国际公约来说，由于各国之间存在着诸如历史文化传统、经济发展水平、法律价值取向等的差异，对相关条约或公约的签署、批准也会有所差别；甚至在某些情况下，还存在条约保留的问题，因而对条约的适用必然存在着差别。在一定程度上，这些差异或差别对企业社会责任国际标准的执行、实施等会带来一系列更为复杂、棘手的问题。

一般认为，企业不是国际（公）法的主体，但它是国际经济法的主体，更是国内法的主体。因此，对于企业来说，要满足企业社会责任国际标准中"遵守国际人权法律文件的原则"的要求，首先必须解决好其中所涉及的国际法与国内法之间关系的问题：在彼此并存时，各自的法律效力如何？或者说，在彼此发生抵触时，何者处于优先地位？在实践中，关于国际法与国内法之间的关系，各国宪法或法律中都有相应明确的规定。在企业社会责任国际标准下，国际法与国内法应该同等重要，但这绝不意味着国际法与国内法之间关系的"平行说"。实际上，两者之间的关系应该是而且必须是相互联系的，这一点也充分反映了企业的法律性质和经济特征：企业是国内法人，同时也是经济组织，是国际市场的参与者和竞争者。

（二）企业社会责任国际标准的性质

现有的企业社会责任国际标准，均建立在国内法和国际法相关规定和原则的基础上，而且从形式上看，均是较为确定的规范或者规则。无论是为了应对商业竞争压力还是源于企业自身的意愿，无论是为了迎合地方政府的要求还是出于行业协会的督促、鼓励，对于接受相应国际标准的企业来说，该标准就具有一定的拘束力。在这一意义上，可以说，企业社会责任的国际标准应该具有某种程度的法的性质。

企业社会责任国际标准同国内法相比较，其主体具有同一性：企业是国内法的主体，也是企业社会责任国际标准的主体（在非严格法律意义上）。但同时，企业社会责任国际标准还有如下不同：第一，它不是由国家制定和颁布实施的法律，但有一定的拘束力；第二，没有国家强制执行力，但企业仍需执行；第三，尽管是企业遵行的标准，但还不能作为对企业侵权行为提起诉讼的法律依据。

（三）企业社会责任国际标准的实施情况

从当前及未来发展看，企业社会责任国际标准的实施可分为以下几种情况：

第一，企业自愿接受并执行。这与企业的自我认知以及企业的价值认识之间存在关系。如果企业认识到，担负社会责任在近期会增加企业的经济负担，但从长远来看，这一行为实际上是达成其经济目标的先行投资，其今后的经济行为或者经济活动，必然地会为其先行社会责任的投资带来回报；如果企业认识到，追求股东利益最大化只是企业价值的一部分，为社会而存在是企业价值的另一部分，也是最重要的一部分，那么，企业就会自愿接受并执行相应的社会责任标准。这种行为，包含着主动性和自律性，而且也是现代企业全面治理中必不可少的组成部分。

第二，迫于商业竞争压力，企业不得不接受和执行。当前，企业社会责任问题已经成为一个没有国界的话题，对于企业来说，要想在激烈的国际市场竞争中谋求生存和发展，不得不担负相应的社会责任，而接受和执行企业社会责任国际标准，是企业取得竞争优势的一种必要手段，有时甚至是一个关键性的"砝码"。

第三，行业协会在本行业内推行、实施。这种情况，实际上也与商业竞争压力存在关系。行业协会有一定的组织性和纪律性，面对国内或者国际市场的激烈竞争，会有组织地在本行业内推行相关的企业社会责任国际标准。行业协会的这种行为，虽说没有强制力，但对于企业来说，为了遵守"行纪"，为了应对共同的竞争压力，也为了企业自身的生存和发展，接受并执行本行业内的社会责任国际标准，应该是"水到渠成"。

第四，国家标准化机构接受相关企业社会责任国际标准并在国内推行、实施。国家的标准化机构不是国家的政府机关，因而它对企业社会责任国际标准的接受，也只能是民间意义上的有组织地接受，在法律上并不涉及国家层面。但由于其"全国性"的特殊地位，国家标准化机构在全国范围内推行相关的企业社会责任国际标准，必然带有潜在的强制性，对于企业来说，该标准似乎是必须接受的，也是必须执行的。

（四）企业社会责任国际标准得以实施的效力根据

从现阶段看，企业社会责任国际标准远远不同于政府间国际组织制定的国际法律文件，更不能称其为"国家间意志协调的产物"。在一定意义上，企业社会责任国际标准的实施，属于跨国民间社会的自我管制行为；但在一定程度上，企业社会责任国际标准可以被看作是"初级的、最有力的全球法的候选者"。

第四节 建立我国企业社会责任评估体系

企业社会责任在中国的实施，是经济全球化对于中国的直接影响和中国入世的直接结果。随着可持续发展的意识不断提高和对企业应积极履行社会责任的认识的不断加深，人们的价值观念已经发生很大的变化，企业社会责任日益成为社会各界关注的焦点。企业要树立以社会价值观为重的新型责任观，关注整个社会的发展。企业在处理与社会的关系中决不能仅仅只盯住经济效益和利润，要主动承担一定的社会责任与义务，把企业的发展融入社会的发展之中，树立一种全新的、为社会负责的、关注整个社会的大发展观。社会和公众是企业获得利润的源泉，是影响企业生存与发展的重要资源。只有把握好这些资源，才能使企业获得更多的利润。因此，企业不仅要实施质量管理标准体系和环境管理标准体系，还要实施企业社会责任标准体系，只有如此，才能树立起企业的社会形象，获得公众尊重和商业机会，在竞争中占据优势地位，实现企业的持续发展。

一、指标选取原则

建立企业社会责任评价指标体系，便于对我国企业的社会责任水平进行有效的、准确的评价，并更好地引导我国企业率履行社会责任。对此应考虑三个层面的关系，即经济关系、社会关系和环境关系。同时在指标的选择上，也要考虑以下原则：

1. 目标一致性原则。是指在指标选取时要考虑行为目标的一致性，即企业承担社会责任的目标要与企业可持续发展的目标相一致。

2. 可测性原则。该原则是指该指标要可量化，便于测量。

3. 信息成本最小化和可比性原则。不同的指标需要不同的收集方式，有的可以从生产记录中获得，有的需要专门的技术进行检测，还有的需要企业配备专门的人才进行收集，因此，指标的选择要本着到信息成本最小化的原则；同时要求指标简明扼要，具有可比性，计算基础必须一致。

4. 有效性（Timing）原则。该指标信息的披露要及时、真实、有效。

在每个层面进行了代表指标的选取。指标选取主要考虑是，突出重点，以点带面，力图使所选指标具有代表性和可操作性，选取其中那些有可靠信息承载量的关键指标。

二、我国企业社会责任评价指标体系的构建

根据以上原则，张霞、蔺玉（2007）结合中国现代企业的特点，分层次构建我国企业社会责任指标体系。我国企业经历了"企业办社会——企业下社会包袱"的特殊的历史阶段，对于社会责任的认识还停留在强制执行的社会责任的范畴内，而实际上，企业的社会责任是由强制型的社会责任和自愿型的社会责任两部分组成的。其中，强制型企业社会责任主要包括企业必须承担的责任，有社会经济贡献的责任、遵守法律法规的责任和环境保护的责任；而自愿性社会责任包括企业自身发展的责任、员工培训与安全的责任、利益相关者利益保障的责任、社区服务与贡献的责任、产品安全与消费者教育的责任、公益捐赠和公平竞争的责任。具体如下图所示：

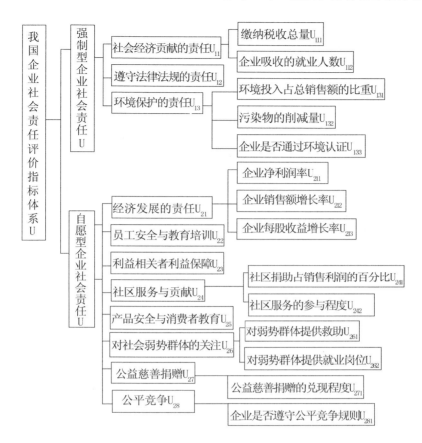

图1 我国企业社会责任评价指标体系

同时，由于不同企业所处的行业和经营业务的不同，其社会责任的内涵也不同。因此，企业社会责任评价指标的选取也将针对不同行业的企业、不同组织特点的企业有所不同。建立起各行业的企业社会责任评价指标体系，可以帮助企业科学的界定社会责任，将对企业积极承担社会责任起到科学指引的作用。

2005年5月，中国纺织工业协会发布了题为《中国纺织企业社会责任管理体系CSC9000T》的管理工具，从而产生了中国产业界自主开发的第一个标准化的社会责任管理体系。2006年3月，CSC9000T的试点工作正式启动，经过将近一年的努力，目前试点工作已接近尾声，中国业界在社会责任方面的自律尝试借此迈出了开创性的一步。

　　CSC9000T 强调守法经营和管理体系，希望企业通过建立和完善企业内部控制社会责任各主要要素的管理体系而落实这些法律规则，它是一个以管理为工具确保实现法律规则的体系，其目的是为企业在更高层面上实践社会责任打好基础。CSC9000T 将企业社会责任的底线定位于相关要素的法律规则，是由现阶段我国纺织服装行业企业的发展现状所决定的。CSC9000T 由管理体系、劳动合同、童工、强迫与强制劳动、工作时间、薪酬与福利、工会组织与集体谈判权、歧视、骚扰与虐待以及职业健康与安全等十个要素组成。可以看出，CSC9000T 整合了国际品牌商和采购商最为关心的中国纺织服装行业社会责任方面的主要要素，而这些要素也普遍体现在它们的生产守则中，同时CSC9000T 还包涵了中国纺织服装行业的特点所决定的其他要素。

参考文献

SA8000：2001 社会责任国际标准（中文版）.

李雪平. 企业社会责任国际标准的性质和效力——兼议 ISO26000 制定中的法律问题，环球法律评论，2007 年第 4 期.

刘艳. 企业社会责任及其标准在我国的发展与完善，湘潭大学学报（哲学社会科学版），2007 年 9 月.

张霞、蔺玉. 我国企业社会责任评价指标体系的构建，商场现代化，2007 年 12 月（上旬刊）第 31 卷第 5 期.

第十三章　企业家信用体制的建立

第一节　企业家信用的概述

一、企业家信用及信用体系

"信用"是行为主体履行契约行为的总称。在现代社会，凡是有行为能力的正常人的一切社会行为都处在一种或多种约定之中，对这种契约的履行行为就是信用行为。作为企业组织的企业家，其履约行为的表现将对企业整体信用产生影响。

从个人行为看，企业家信用属于一般个人信用，两者的区别只是信用内容的多少不同；从企业行为看，企业家信用是企业信用的一个组成部分，是企业信用分析的重点之一。

企业家信用考察的指标至少应包括：基础素质，其中包括年龄、学历、工作履历及业绩、历任职务（含社会职务）、职称、公共关系、特殊的个人资源、遵纪守法记录等；技术能力；经营管理能力；风险偏好；与创办企业投资等相对应的支付能力；依法合规经营意识等。

企业家信用评价是提高企业信用的重要措施。目前国内企业信用评价方法多引进国外成熟的企业信用评价方法，但因其更多关注企业财务指标而出现水土不服、信用评级不够准确等问题。究其原因，除了中国目前缺乏整体的信用环境，信用制度不健全，信息分散、不准确和不对称之外，中国企业家调查系统《2005年中国企业经营者成长与发展专题调查报告》中指出：企业家品格对企业信用影响最大！"中国企业家最欠缺的是信用！"。本书通过对构建影响企业信用最具代表性的中小企业的企业家信用评价指标的分析，搭建企业家信用评价模型，探讨和完善企业家征信制度，加强企业家信用意识，进而提高企业信用水平，促进中国经济的健康发展。

二、 企业家信用研究的文献综述

对于组织中企业家的影响性研究，企业家信用的重要性越来越受到重视。比如，Morgan在关于企业家的伦理性研究中，证实了诚实（Integrity）和自我服务（Self-serving）这两个因素的存在，并进一步明确，人际关系方面的诚实性行为是企业家信任与否最好的预测因素。成熟的管理者认为，企业家的信用是管理成功的重要因素。通过企业组织的调查发现，最受员工尊重的企业家素质是其诚实性。在有关企业家理论研究方面，信用是企业家最重要的特性，也是用来区别有效企业家与非有效企业家的重要的特性之一。企业家的特性由"个人品德""目标有效性""人际关系的能力"及"能力的多样性"四个因素构成，信用诚实是企业家个人品德的最重要的评价指标。在关于超凡魅力型/变革型企业家的研究中同样指出了企业家信用诚实的重要性。中国企业家调查系统2002年通过调研认为，企业家品格对企业信用影响最大。调查显示，认为企业家品格对企业信用"影响很大"或"影响较大"的企业经营者占96%以上。

以上大多研究均强调了企业家信用诚实的重要性，然而对企业家信用对组织的影响机制研究较少。Vitell 和 Davis 证实了员工对于企业家的诚信认知和他们的工作满意度之间具有较强的正相关关系。组织成员在认为企业家具有信用时，将会以自己的组织为荣，并将自己看作是这个组织的成员。也就是说，企业家讲求信用，会使员工增强归属感。通过企业家诚实性尺度中文版（PLIS－C）的讨论和分析，证明了企业家的诚实性行为对员工的影响，认为员工若认识到自己的企业家是一个诚实而正直的企业家，其对组织的归属意识就会增强，工作积极性也会提高。调查问卷手段进行统计分析研究，难以具体解释企业家信用与组织成员整体信用的影响机制。本书拟从心理契约的新视角，从企业家信用与企业员工信用互动性和企业家信用影响的决定性出发，探讨企业家信用的影响机制。

国外学术界尚没有针对企业家信用的专门研究，国内学者丁栋虹从异质资本的角度诠释了企业家信用的重要性，企业家活动作为一种市场经济活动，同其他市场经济活动一样，以信用作为自己的内在依托，即存在企业家信用。企业家信用具有财产性，企业家经济创收能力的大小直接影响其信用水平的高低，可以说企业家信用就是以其财产多少作为衡量基础的；还有学者从企业家信用与企业信用的相互关系角度论证了企业家信用决定着企业组织整体信用，但对如何加强企业家信用建设，如何通过提高企业家信用来提升企业信用的研究尚不深入。

丁栋虹从异质资本角度提出的企业家能力的划分：经济创收能力、履行契约能力和承受风险事故能力。其中，"经济创收能力"是衡量企业家信用能力最重要的财务指标。进一步根据信贷资金循环理论对于信用能力的分析与阐述，将"经济创收能力"分解为"盈利能力"和"偿质能力"。雷晓敏等将以上指标进一步分解，以主成分分析方法为主，以回归分析和相关分析方法作为辅助和检验，根据模型构建的"系统性、可靠性、简练性"原则，对初始指标进行筛选，构建中小企业家信用评价模型的指标体系。

第二节　企业家信用对企业组织信用的影响

一、心里契约理论的引入

首先将契约的概念引入社会学领域，并进行详细讨论的是 Argyris，而完整提出心理契约概念的是 Schein。Schein 将心理契约（Psychological Contract）定义为："……在组织中，每个成员和不同的管理者，以及其他人之间，在任何时候都存在的没有明文规定的一整套期望。"心里契约的本质是对无形的心理内容的义务遵守的期望。

心理契约是组织企业家与员工的心理联系纽带。心理契约大多是非正式的，而且是隐含的。组织以往的行为往往被人们作为期望的基础，如希望被信任，或者企业家应该具有信用，这往往被组织成员认为是理所应当的。虽然它并没有写明，心理契约却是组织中行为的强有力的决定因素。组织是一个以心理契约为原则的集体，对心理契约的履行可以提高员工对组织的承诺履行起到极大的促进作用。

心理契约的违背（Psychological Contract Violation）是目前研究的热点。心理契约的一项或多项内容被违背，会导致个体在组织未能充分履行心理契约的认知基础上产生一种强烈的情绪体验，其核心内容是情绪愤怒，如个体感受到企业家不讲信用、背信弃义时，情绪会被激怒。而且，心理契约违背会导致今后契约的交易型内容增加，关系型内容减少，员工对组织的情感投入减少，更多关注于自己的经济利益。

心理契约强调的是个人与组织的关系，人们期望被对待的方式及他们实际被对待的方式，以及对他们的工作行为的影响。他还证明，违反心理契约会产生许多不利的影响，比如，产生较低的信任和工作满意度。而且，心理契约的违反会导致对组织中更多契约的重新评价。

二、企业中心理契约的信用互动

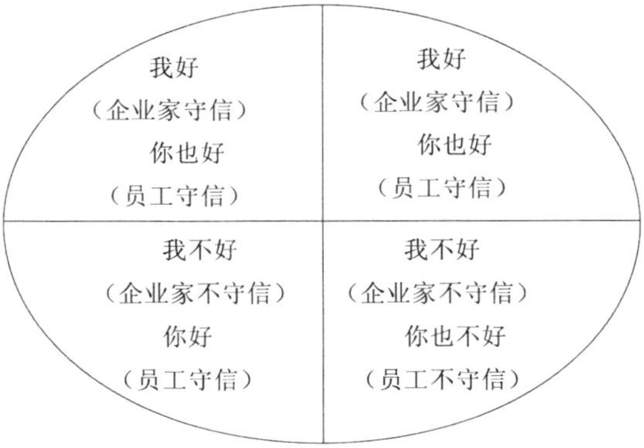

图1 好—不好组合

"好—不好组合"模型最初是富兰克林·埃恩斯特（Franklin Ernst）提出的，主要用来研究人与人之间的交往，进行交互作用分析（Transactional Analysis，TA）。按照心理契约的定义，既然心理契约是一种契约，它必须包含"我、你"两方的心理期望。这里设定，"我"是企业家，如企业家；"你"是组织普通成员，即企业的普通员工。根据企业家是否守信和员工是否守信这两个因素将信用心理契约面临的问题划分为四种情况：企业家守信——员工守信、企业家不守信——员工守信、企业家守信——员工不守信、企业家不守信——员工不守信。

亚当·斯密曾指出："各地方金匠和宝石匠的工资，不仅比需要同样技巧的许多其他劳动者高，而且比需要更大技巧的许多其他劳动者高。这是因为有贵重的材料托付给他们。我们把身体的健康托付给医生、把财产，有时甚至把生命和名誉委托于律师或辩护者。像这样重大的信任决不能安然委托给微不足道的人。"同样，企业员工把自己发展事业和前途委托给企业家时，在心理契约中必然要求企业家有良好的声誉、值得信赖，而不是"微不足道的人"。员工内心对企业家有很高的要求和期望。在正常的企业内企业家与员工的心理契约中，企业家应该是企业的化身、企业的代言人。企业家人应该值得"信任"，"我知道你决不会利用我；不会存心利用我，也不会偶尔利用我；不会有意利用我，也不会无心利用我。"或者说，"我敢于将我当前的情况、地位、自尊、我们的关系、我的职位、我的事业，甚至于我的生命，完全托付给你，而有完全的信心！"而且，员工期望企业家尊重员工、信任下属、正直、讲话守信用、能够兑现诺言、公平对待。另一方面，企业家对员工的心理期望是发挥全部的潜能、实现团队目标、诚实、守信用、为企业服务，等等。

所以，在上述的四种条件中，最理想的情况是企业家与员工都遵守信用，员工在工作中能够感受到企业企业家是正直守信可靠之人，是心目中理想的企业家；同时，企业家在经营中感受到员工诚实，对企业和客户讲求信用，会对员工非常满意。这样，企业的整体守信的氛围就可以建立起来。

当然，最糟糕的情况是企业家不守信——员工也不守信（我不好—你也不好），在这种情况下，组织的整体信用就会败坏到极点。比如，企业主与员工集体合谋造假，企业主在经营工厂时，目的就是欺骗消费者，欺骗社会，而且也欺骗员工；而员工在加入该企业时已经知道欺骗的事实，但他非常愿意与企业主合伙欺骗，当然他也会欺骗企业主，如偷懒、说谎等等。

三、企业家失信的负面影响

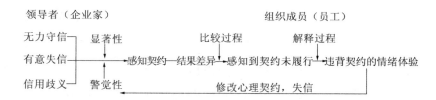

图2 企业家失信对员工影响的传导机制

图 2 显示的在企业家者失信（我不好你好）的情况下，组织内员工的反应机制。企业家失信，不履行对员工或社会的其他成员的承诺，一般源于三个原因：一是对他无力守信，原来的承诺超出了他现在的实际能力，无法实现承诺；二是有意失信，企业家为了自身利益或其他原因，不愿履行心理契约。比如说，企业家应该对员工讲实话，告诉企业经营状况的实情，这是大家原来的心理契约。但是，企业家故意利用员工的信任，蒙蔽企业经营的实际情况，甚至企业正在做违法的生意员工也不知道，这就是有意失信；第三种情况是大家对心理契约中相关内容实际状况的错误领会。但无论何种情况，在难以有效沟通时，对企业员工的影响是一样的。

企业家者违背心理契约后，由于员工的警觉性和契约违背的显著性不同，企业员工会感受到契约与结果的差异性，并通过比较感知心理契约并未履行。这时，企业员工会根据心理契约的不同内容做出反应。研究表明，心理契约的一项或多项内容被违背，会导致今后契约的交易型内容增加，关系型内容减少，员工对企业企业家的信任下降，或者不再相信企业领导；同时，员工对组织的情感投入减少，修改与企业家原来意义的心理契约，使心理契约向"我不好（企业家失信）你也不好（企业员工也失信）"的负面心理契约方向转化。

心理契约不仅具有期望的性质，也有"对义务的承诺与互惠"，强调"义务"，并且这些义务被打破时成员所产生的情绪和极端的反应，要比较弱的期望被打破时失望得多。打破期望会产生失望，而打破义务则产生愤怒的情绪，并使组织成员重新评价个人与组织的关系。当企业员工与企业家的心理契约被破坏后，员工与企业家的信用心理契约从此就发生变化，契约重新修订。员工认为没有必要信任企业，对企业不再信任。同时，没有信用就没有尊重，也就没有相互的关怀和支持。另外，员工认为没有必要对企业投入感情，企业的形象与自己没有关系，等等。在这种情况下，员工更多关注于自己的经济利益，甚至故意破坏企业在外界的形象，企业的整体信用形象就受到了严重威胁。

四、企业家守信的正面影响

另外一种情况是："我好（企业家守信）你不好（企业员工不守信）"，企业家感受到企业员工不诚实，而企业家希望自己的员工与自己一样能够讲求信用、为企业树立品牌时，企业员工在上司的压力和自己内心潜在的追求下，会将自己的行为修正为"也守信"。

孔子说，"政者，正也。子帅以正，孰敢不正?"，"上好礼，则民莫敢不敬；上好义，则民莫敢不服；上好信，则民莫敢不用情。"在这种情况下，由于企业家在心理契约的主导地位和对员工的选择权力迫使员工向守信方向转化。员工认识到自己的不守信行为与企业家的守信期望相冲突时，就会修正自己的行为，自觉守信。如果他不守信，将面临不会受到企业家信任和重用的境地，甚至被开除。在此时应该说明的是，心理契约的影响会和企业的影响纠缠在一起对员工的行为产生影响。

五、结论与讨论

企业家的信用对企业员工乃至整个组织都有着关键的示范作用和影响力；企业信用主要取决于企业家信用。企业家信用一方面与企业员工信用有很强的互动性，另一方面又极大地影响了企业组织成员的信用表现，决定了企业整体信用的标准。《孙子兵法》中讲到："上下同欲者胜。"只有以企业家为主体的企业经营信用和以员工为主体的企业整体信用互相一致，使企业上下实现信用的心理契约，才能极大提高企业竞争力，拥有真正的企业信用。

同时，有影响力的管理者也能够培养组织成员之间的信任能够使成员成为追随者。影响力是主观的、是基于团队管理者和成员之间的共同心理意识、是团队心理契约的体现。没有人能够强迫别人心甘情愿地追随。心理契约通过正直、信任的关系来激发团队成员的全力以赴的精神。尽管心理契约的内容像水下的冰山一样无法被明确衡量，但能够真正与员工建立起心理契约的管理者才能成为杰出的管理领袖。

当然，在影响心理契约的前提下，有时会涉及经济契约对信用的影响，关于心理契约和经济契约共同影响企业组织信用的问题还需要做出进一步的研究。

第三节　中小企业家信用体系的构建

一、相关研究概述

由于以最具代表性的中小企业中的企业家为研究对象，所以必须首先了解国内外对中小企业信用相关问题的研究。国外对中小企业信用的研究已经相当成熟，包括定义与概念，解释现象的理论基础，分析模型等，如：早期 Fitzpatrick（1932），Smith 和 Winakor（1935），Merwin（1942），Beaver（1966）研究并提出的企业信用的单变量模型。中期由 Altman 分别于 1968 年和 1977 年提出的线性判别式模型（Z – Score 模型）和二次判别式模型（Zeta 模型），由 Meyer 和 Pifer（1970）提出的线形概率模型，由 Charnesetal（1978）开发的数据包模型，由 Breimanetal1（1984）完善的递归分类模型，由 Messier 和 Hansen（1988）开发的专家系统。由 Gup taeal（1990）提出的数学规划判别模型。

这些模型研究的基本方法是首先选定财务因素（一般是财务比

率），然后采集样本进行实证推导。总的来说，国外对中小企业信用的研究基本上集中于财务影响因素的研究，非财务影响因素的研究很少并比较零散和简单。国内对中小企业信用评价的研究多是借鉴国外的模型和方法，也是基于和侧重于企业财务指标，考察和判断一个企业的信用水平和信用风险。国内外均较少涉及企业家信用信息，最多涉及少量的企业家一般信息。

企业家信用是一种特殊的个人信用，它比一般个人信用有着更强的外部性。因此，研究企业家信用必须结合一般个人信用和企业信用。在个人信用研究方面，以美国为代表，无论是理论研究还是实际应用已经相当成熟和完善。在美国，每个人都拥有一个终生的社会安全号码（SSN）。美国人申请工作、支付工资、租房、纳税都要出示和登记社会安全号码。一个人一旦有不良信用记录，不仅会影响他找工作，甚至会影响退休后的社会保障。正是有了健全的个人信用评估体系，才得以降低信用成本及风险。国内个人信用研究方面刚刚起步，多集中在个人消费信贷和商业信用的应用方面。纵观国内外个人信用的研究和实践来看，评价个人信用有很多种方法，但最为成熟和经得起考验的还是已经有百年历史的古典信用评分理论和方法，也就是"5C"判断分析法："5C"是指：（1）品质（Character）；（2）能力（Capability）；（3）资本（Capital）；（4）抵押担保（Collateral）；（5）环境（Condition）。

国外对企业家信用没有专门研究，这是由于在国外法律、制度健全的情况下，企业家首先是一个守法公民，必须符合一般公民的信用要求。尽管国外企业也存在委托—代理的风险问题，但这种风险远远没有在中国表现得这样突出。国内最具代表性研究企业家信用问题的是丁栋虹，他在1999年从异质资本的角度诠释了企业家信用的内涵和重要性。他认为，企业家活动作为一种市场经济活动，同其他市场经济活动一样，以信用作为自己的内在依托，即存在企业家信用（Entrepreneur Credit）。企业家信用是企业家异质资本素质的重要体现。丁教授指出，企业家征信制度的建立对促进企业家成长，提高企业信用十分重要。但如何建立评价体系没有进一步的研究。其他学者也提出了在中国研究企业家信用的重要性，但都没有深入研究。

二、理论模型

（一）理论基础

基于古典信用评分法的"5C"原则，即从品质（Character）、能力（Capacity）、资本（Cap ital）、抵押担保（Collateral）、环境（Condi-tion）五个方面构架中小企业家信用评价模型。它的理论依据是以信贷资金循环理论为基础的。公式表述为：

$$C_B \rightarrow C_C \rightarrow W \begin{cases} A \cdots P \cdots W' \rightarrow C'_C \rightarrow C'_B \\ Pm \end{cases}$$

这个公式说明了信贷资金的运动过程：银行贷款投放给企业（第一重使用），企业用于购买生产要素并进行生产（第二重使用），企业将生产的产品销售出去，收回货币资金（第一重归流），最后企业用出售产品所获得的货币资金归还银行贷款（第二重归流）。即影响银行信贷资金安全的因素主要有借款企业是否具有履行偿债义务的意愿、借款企业的盈利能力和资本实力、企业借款时是否提供了担保，而影响借款企业盈利能力的因素又可进一步分为外部环境和企业自身素质两种因素。

（二）指标体系构建

根据信贷资金循环理论和古典信用评分法，对影响我国中小企业家信用的相关因素进行分析，构建中小企业家信用评价模型的逻辑框架

（见图1）以及指标体系（见表1）：

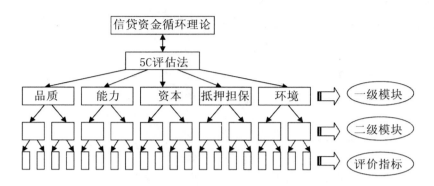

图1　中小企业家信用评价指标体系框架

表1　中小企业家信用评价模型的指标体系

一级模块	二级模块
企业家的品质	信用记录
	诚实水平
企业家的能力	盈利能力
	偿债能力
	履约能力
	承受风险事故能力
企业家的财产	动产
	不动产
抵押担保品	无
环境条件	内部条件
	外部环境

第四节　我国企业家信用体系建立的相关建议

一、发挥政府在企业家信用体系建设中的作用

包括美国在内的许多国家的监管当局不断增加对评级结果的使用，通过监管当局不断扩大评级结果的使用范围，大大地推进了评级体系的发展。国际上在这方面成功的例子是 1975 年美国实施的 NRSROs（Nationally Recognized Statistical Rating Organization）认可制度（参见 Role of Credit Rating Agenciesin Asian and Latin American Emerging Securities Markets，By Terry M. Chuppe，Emerging Markets Institute（USA），1997.）1975 年首先认可了 MOODYS、S&P、FICHI 等 3 家公司。

1. 制定有关规章。

目前主要是政府有关部门对个人、企业信用信息的公开披露制度，政府认可或使用信用服务机构或结果的规章等。

2. 加强和规范政府有关部门对个人、企业信用信息的披露工作。

目前个人、企业的信用信息主要由政府有关部门分别集中掌握，政府有关部门应按照建立社会化信用体系的要求，根据所承担管理工作的特点和所制定的信用信息公开披露的规定，定期或不定期向全社会披露这些信息。这些信息的披露不应看成对个人或企业的征信结果或评估结果，或看成"黑名单"或"红名单"，而是为社会公众，市场化运作的征信公司或评估公司等提供部分基础信用资料，将政府有关部门掌握的个人或企业信用信息集中委托给一个市场化的公司开展市场化征信服务的做法，存在较大问题。

3. 加强政府有关监管部门使用信用服务产品的力度。

政府有关监管部门在经济管理中，采用中介机构的评估结果，是国际上的通行做法，这不仅可转变政府管理经济的方式，而且将大大拉动信用服务的市场需求，有力地推动信用服务体系的发展。

4. 按市场经济规则，培育信用服务中介机构。

其中包括担保公司、征信公司、资信评级公司等，使其在较短的时间内发展壮大。根据其他发展中国家的经验，在特定时期，按市场规则，政府扶持部分发展快，知名度较高的信用中介机构快速发展是十分必要的。

5. 注重促进信用体系发展的大环境建设。

如加快企业产权制度改革，转变政府职能，完善个人和企业对信用风险防范与承担的机制等，从而提高个人、企业的信用意识，营造良好的信用体系建设环境。

二、理清信用服务中介机构与企业家信用体系关系

1. 信用中介机构，不包括政策性的担保机构、风险投资公司等的主要职责是调查、收集分析有关信用信息，对外提供有价值的信用分析报告、观点。为了保证机构的独立、公正性避免因对外提供信用分析报告而带来的风险，政府有关部门、有关机构等不应成为这类信用中介机构。

2. 取得政府支持或认可，是信用中介机构快速发展的一个有利条件，但从长远看，信用中介机构必须时刻牢记市场化运作的重要性。信用中介机构只有不断加强自身建设，取得社会的信任才能对信用体系建设做出贡献。

3. 在信用服务产品质量市场检验机制完善的环境中，追求信用报告的独立、客观、公正和准确，取得市场广泛认可的权威性，是信用中介机构的经营理念和目标，也是对信用中介机构的内在约束。目前

我国信用服务产品质量市场检验机制不完善，在这种情况下，特别是在政府培育信用服务市场阶段，政府加强对合作机构提供的信用服务产品质量的监管十分必要。在政府确定被评估对象后或在政府号召下自愿参加评估的对象汇总后，按合作信用服务中介机构的能力和表现，把被评估对象划分给各信用服务中介机构，可以把信用服务中介机构之间在客户、价格等方面的竞争引导到信用服务产品质量的竞争上，为信用服务中介机构提高服务质量创造外部条件。

三、 中小企业信用评级的相关处理

相对于大企业，企业家对中小企业信用的影响更大，单独考察中小企业家信用是十分有意义的。目前大型企业的直接和间接融资渠道比较畅通，大型企业的信用评级也比较频繁，如债券信用评级、贷款余额较大企业的信用评级等。相比之下，中小企业融资难的问题一直存在，获得信用评级的机会也少。当前增加中小企业信用评级可从如下两方面入手：

（1）对中小担保企业信用评级

国办发（2000）59 号、国经贸中小企（2001）198 号、国经贸中小企（2001）368 号等对中小企业特别是中小担保企业信用评级提出了要求。对担保企业信用评级是国际惯例，可作为担保公司担保决策，担保费率确定的参考。

（2）对中小信贷企业信用评级

对有贷款意愿的中小企业信用评级，信贷登记企业资信评级在中国人民银行颁布的《贷款通则》和《贷款证管理办法》中已有相应规定，上海等地区从1998 年已开展贷款余额较大企业的信用评级，中小企业信用评级，可为企业改善融资环境，解决融资难的问题提供手段，为银行给众多中小企业贷款提供便利、节约成本，协助银行防范风险，形成银行对中小企业贷款的良性循环。

四、以中小企业信用体系建设为突破口

1. 对担保公司信用评级

财政部财金（2001）77 号文《中小企业融资担保机构风险管理暂行办法》要求对中小企业融资担保公司进行资信评级，担保公司信用评级是国际惯例，可有效防范和控制担保风险展示担保公司的担保能力。

2. 对担保企业评级

国办发（2000）59 号、国经贸中小企（2001）198 号、国经贸中小企（2001）368 号等对中小企业特别是中小担保企业信用评级提出了要求，对担保企业信用评级是国际惯例，可作为担保公司担保决策，担保费率确定的参考。

3. 对中小信贷企业信用评级

对信贷登记企业资信评级在中国人民银行颁布的《贷款通则》和《贷款证管理办法》中已有相应规定，上海等地区从 1998 年已开展贷款余额较大企业的信用评级，开展中小企业信用评级可为企业改善融资环境，解决融资难的问题提供手段，为银行给众多中小企业贷款提供便利、节约成本，协助银行防范风险，形成银行对中小企业贷款的良性循环。

4. 每年开展一次信用良好企业评选活动

目前政府有关部门集中公布企业家不良信用记录，对于营造良好信用环境具有积极意义。但企业家不良信用记录仅是企业信用的一个组成部分，对于企业的其他信用，特别是整体信用良好企业，政府则不便于评价和公布。而评价和公布信用良好企业，对于促进企业的融资、商业往来、营造良好信用环境更具有积极意义。

参考文献

Altman and A. Saunders. Credit Risk Measurement：Developments over the Last Twenty Years. Journal of Banking and Finance，1997，（11）.

Beaver and Steve Worthington. Retailer Credit Cards：A Competitive Threat1 International. Journal of Bank Marketing. Volume8. Issue4，1990.

Breimaneta and Petersen. Trade credit：Theories and evidence. Review of Financial Studies 1997，661 –691.

Charnesetal and berger. Relationship lending and lines of credit in small firm finance. Journal of Business 1995，Vol. 68，351 –381.

Fitzpatrick. An Examination of Exposure Control and Content Balancing Restrictions on Item Selection in CATs Using the Partial Credit Model . Journal of Applied Measurement，v4 n1 p24 – 42，2003.

Guptaeal. Choosing the Right Box of Credit Tricks. RiskMagazine，1997，（1）.

Hansen. Economic Valued Added an examination of a new corporate performance measure. Journal of Managerial Issues，1997，（9）.

Merwin. Cycles and credit culture. Journal of lending and credit risk management（ Special edits），1997（June）：6 – 12.

Meyer，Barbara R. Lewis. European Credit Unions Past. Present and Future. Journal of Marketing；Volume16. Issue3. 1982. General review.

Messier. Modeling Default Risk. Sanfransico. KMV，LLC，2000.

Morgan. JP. Credit Metrics. New York：Technical Document，1997，（4）.

Pifer. Timothy Besley and Timothy WGuinnane. The Neighbor's Keeper：the Design of a Credit Cooperative with Theory and a Test. Quarterly Journal of Economics，1994，109.

Smith W，Foster，Building Models for Credit Spreads. Journal of Derivatives Sp ring 1999 issue.

Winakor. Credit scoring for commercial loans：The case of Singapore Asia Pacific. Journal of Management.

丁栋虹. 论企业家信用，浙江社会科学，1999 年 5 月.

雷晓敏，宋家顺．衡量企业家信用的财务指标分析，中央财经大学学报，2007 年第 11 期．

雷晓敏，宋家顺，徐峰岩．中小企业家信用评价模型指标构建分析，财经问题研究，2008 年 1 月．

李伟．企业家信用对企业组织信用的影响机制研究——从心理契约的视角，南开管理评论，2002 年第 6 期．

联合资信评估有限公司．信用体系建设研究，信用研究，第 6 期．

第十四章　企业家社会责任的推进机制

如前所述，以企业家社会责任的规范来源为准，企业家的社会责任可以分为法律意义上的社会责任与伦理上的社会责任。落实法律意义上的企业家社会责任主要靠法律责任追究机制，因而可称之为"刚性的社会义务"。落实道德意义上的企业家责任主要靠奖励、良心、舆论与市场，因而伦理意义上的企业家社会责任可称为"柔性的社会义务"。如果说法律为企业家设定的社会责任是无限的，缺乏商业道德、不诚实守信的企业家，即使算得上合法的企业家，也必将为市场所唾弃。

推动企业家社会责任的力量有：大学教育、工会、政府、采购商、非政府组织等，我国的企业家应从企业诚信、监督机制和自我约束等方面来加强企业家社会责任建设。

根据 2007 年中国企业经营者成长与发展专题调查报告，企业经营者普遍认为，履行好企业的社会责任，需要全社会的共同努力。一方面要在提高企业经营者个人素质的基础上，提高整个企业对社会责任的认识和履行社会责任的自觉性，尤其需要提高企业的诚信意识和环境保护意识；另一方面要强化社会各界的责任意识，尤其是政府相关部门的责任意识；建立健全相关法规制度，加强全社会诚信环境建设；借鉴有关社会责任的国际经验和国际标准，总结中国企业履行社会责任方面的成功经验，为建立与和谐社会相适应的现代商业文明而共同努力。

第一节　企业家社会责任的驱动要素

企业家也是公民，因此，企业家首先应承担的是每一位公民所应承担的社会责任；其次，企业家作为一个特殊的群体，应承担特定的社会义务；最后，企业家对企业拥有决策权，企业的行为必然会体现出企业家的偏好、意愿与行为，这是核心层次的企业家社会责任，它更多地体现为企业社会责任。

显见，企业家在履行公民社会责任的时候，还必须履行其作为特殊群体所应承担的社会责任，并重点保证企业社会责任的实现。然而，企业家在履行社会责任的时候，不仅会受到自身的价值观念、素质、能力、态度等因素的影响，而且会受到外部各个方面的影响与制约。

这些影响企业家社会责任的外部因素可以分为三个层次：宏观层次，主要包括政府、行业协会、学校、利益团体等政府与非政府组织；中观层次，主要包括竞争对手、供应链上下游、消费者等行业利益相关方；微观层次，包括员工、家庭等直接影响者。①

本文拟就影响企业家社会责任的外部因素进行分析，并力图构建企业家社会责任驱动要素的解释模型。

一、政府及非政府组织

（一）政府

政府在企业家承担社会责任方面的作用随着时代的进步与日俱

---

① 禹海慧，易想和．浅析企业家社会责任的驱动要素［J］．商业时代，2007.

增。一方面，政府所创建的完善的市场竞争机制有利于降低企业的交易成本，增加企业获利的机会，从而增强了企业家承担社会责任的物质基础，政府所倡导的公平、公正的市场秩序有利于减少企业家的败德行为，可以提升企业家的成就感，塑造企业家精神。另一方面，政府虽然不能直接干预企业家决策，但是可以通过制定法律规章制度约束与规范企业家的行为，迫使企业家履行更多的社会责任。

显然，政府这个驱动要素在企业家履行社会责任的过程中，一方面在降低了企业的交易成本的同时增加了企业的社会责任成本；另一方面，企业要获得持续发展，必须要认真遵守政府制定的各项法律法规，否则需要承担各项违法成本。

（二）行业协会

一方面，行业协会是为会员服务的互益型民间组织，行业协会在制定行业发展规划及相关行业规定时，必须要保持一定的独立性与公正性，以保证行业健康发展、行业内部竞争正常。但是，行业内部的企业数量众多，企业的持续发展与行业的持续发展的长期目标易取得一致，企业的当前利益却很难与行业的当前利益步调相同，它们的短期目标也难以一致。某些行业规定会保护一些企业的当前利益，却同时损害另一些企业的当前利益。另一些行业规定促进了整个行业的健康发展，却对其中的某一个子行业造成很大的冲击，这些子行业中的企业之当前利益与持续发展同时受损。也就是说，行业规定可能保护或损害行业内企业当前利益，也可能促进或损害行业内企业的持续发展。另一方面，行业不是面向全体公众的公益型民间组织，因此行业协会也有忽视其他行业利益、实行行业和地方保护、限制正当竞争等倾向，会损害其他行业的当前利益与持续发展。

（三）学校

学校作为企业家社会责任的驱动要素的作用主要体现在：首先，

在初级教育阶段，学校将向未来的企业家传播国家与民族的各种道德标准、规范与价值观以及基本原则，这些道德方面的教化其实就是培养企业家社会责任的雏形。其次，在高级教育阶段，学校一方面通过系统的教育与培训，使未来的企业家熟识、精通某方面的专业知识，学有所长、学有所用，使其具备履行社会责任的基本技能；另一方面，学校又教会其学会理性思考，用经济学的思维来寻找个人发展与社会进步的结合点，同时，社会成功人士与成功企业又成为学校教学的范例，而这些成功人士与成功企业在履行社会责任时方式各异，结果也迥然不同。在这个阶段，未来企业家对于社会责任可能会感到迷惘。第三，在后学校教育阶段，学校与企业家的联系主要通过校企合作开发技术、人才培养、员工培训、精英论坛、捐资办学等形式，此时，现实的企业家往往很注重企业的形象，希望自己领导的公司在社会公众尤其是即将跨出校门踏入社会的莘莘学子的脑海中是一个勇于承担社会责任的企业；而学校也以与负责任的企业家合作为荣。在这个阶段，优胜劣汰这个潜规则对企业家在是否承担社会责任方面发挥作用。企业家如果很好地履行社会责任，则其领导的企业及其产品与服务可能广为人知，能吸引到优秀的人才加盟，促进企业的持续发展；如果企业家履行社会责任不力，则校企合作困难，甚至可能成为学校教育的反面典范，对企业的持续发展是不利的。

（四）利益团体

利益团体是企业家社会行为的制约力量，也是企业家履行社会责任的驱动要素。一方面，这些利益团体可以对企业家不履行社会责任的行为进行监督，间接通过给政府施压，促使政府通过法律与法规来规范企业家的行为，或直接通过媒体、舆论等给企业家施压，使企业家不得不履行社会责任。另一方面，利益团体可以通过环境认证、最具公信力企业、消费者依赖的企业、最有社会责任企业等的评比授予企业家所领导的企业荣誉称号，给予企业家履行社会责任肯定的评价，使企业家获得持续发展的动力；对不履行社会责任的企业家否定的评价，使其领导的企业公信力下降，难以获得持续发展。

二、行业利益相关方

（一）竞争对手

竞争是一种行为主体之间互动的争胜活动，是推动社会进步的巨大动力。市场竞争是市场主体为了生存与发展目标，通过各种手段进行相互争胜的活动，企业是市场竞争的主体，而企业家又是企业制定与实施竞争策略的重要行为主体。因此，企业家之间就存在互动的竞争关系，除了在经济利益、资源夺取、市场划分等方面竞争外，他们所承担的社会责任同样是竞争的内容，这样，竞争对手就成为企业家履行社会责任的一个重要驱动要素。

竞争对手对企业家社会责任的驱动见图1。在第一象限，企业家与竞争对手都很好地履行了社会责任，社会责任已经成为他们竞争的一个方面，双方在社会责任层面良性互动，都是社会和谐发展的重要力量。在第二象限，企业家比其竞争对手更好地履行社会责任，当前付出了比竞争对手更多的社会责任成本，但是比之赢得了社会公众更多的尊敬，其所领导的企业更容易被公众所接受，公众对于成为他们的客户更有信心，有利于企业的持续发展。在第三象限，双方都很在意当前社会责任成本的支出，尽量避免承担更多的社会责任，导致双方在社会公众面前都失去公信力，其所领导的企业形象不佳，各种不诚信的行为和不公平的竞争随之出现，整个市场环境恶化，企业难以获得持续发展，在此基础上企业家更加不愿意支付社会责任成本，形成恶性循环。在第四象限，企业家比竞争对手承担较少的社会责任，虽然当前支付的成本少于其对手，但是长此以往，会失去公众的信任，不利于其所领导的企业长期发展。

（二）供应链上下游

供应链上游是指为企业提供原材料、技术设备、服务、产品的企业供应方。供应链下游是指向企业购买原材料、技术设备、服务、产品的企业采购方。在公平的市场环境中，企业家与供应链上下游应该是一个平等的关系，按照传统的交易规则，一般是按质论价、钱货两清，双方各自承担相应的社会责任，似乎两者没有多大影响。然而，由于现代交易的范围不断扩大，货物、资金在时间与空间上分属于不同的组织，为不公平交易提供了土壤，企业家代表不同企业的利益，成为不公平交易的指挥者和决策者。不公平交易践踏了公认的市场准则，对市场环境的破坏很大，是一种不履行社会责任的行为。因此，供应链上下游就成为企业家社会责任的两个重要驱动要素。

供应链上游处于本位考虑，一方面利用资源与信息的优势，希望提高产品与服务价格；或者是同样的价格，希望降低质量、交货期等服务水平；另一方面又希望采购方能及时按合同支付货款，避免产生账面利润，形成呆账坏账。此时，企业家所领导的企业作为采购方，有两种选择，其一是与供应方努力维持良好的合作关系；其二是与供应方形成博弈，双方通过压价—降低质量—延期付款—推迟交货等手段，形成互相不信任的关系。同样，企业家所领导的企业与供应链下游的关系和上述关系一样，只是企业家所领导的企业成为供应方，下游是采购方。因此，企业家是否履行社会责任的决策受供应链上下游是合作还是博弈的影响，如果供应链上下游与企业家同时选择维持合作关系，企业家可以获得较低的当前成本。并同时能够维持企业的持续发展。而如果供应链上下游选择博弈，企业家却选择了合作，则企业家需要承担较高的当前成本。企业家消化高成本的途径有两种，其一是自我消化，其二是将高成本转移给供应链下游或消费者，无论是哪种决策，都会影响持续发展。如果供应链上下游选择了合作，而企业家决策博弈，则企业家获得较低的当前成本，但由于这种低成本难以持久，且践踏了公平交易与诚信交易原则，故不能获得持续发展。如果供应链上下游与企业家同时选择进行博弈，双方都会出于防范心理、以及寻找另外的交易对手而付出较高交易成本，企业不能获得持续发展。

（三）消费者

最终购买和使用企业产品和服务的顾客即消费者是企业生存的前提，也是企业家履行社会责任的一个重要客体。关于市场营销观念的演变说明，从生产观念到社会营销观念，消费者的地位相对于企业家显得越来越重要，满足消费者不断提高的需求成为企业家履行社会责任的起点，也是归结点。可以说，没有消费者的最终需求，企业与企业家就没有存在的价值。消费者一方面要求企业家所领导的企业能提供价优质高的产品与服务，另一方面又希望自己购买对象的行为主体是一个信守诺言，负责任的企业家。不论是前者还是后者，都要求企业家能为消费者提供不断增长的消费者价值（利益），提高服务水平，见图2。在图2（1）中，消费者愿意支付 P1 时，企业家能提供 A1 的服务，消费者愿意支付 P2 时，企业家能提供 A2 的服务，得到消费者价值曲线 V1；然而，消费者需求不断提高，在支付 P1 时，希望企业家能提供 A2 的服务，在支付 P2 时，希望企业家能提供 A3 的服务，此时，勇于承担社会责任的企业家，必需响应与满足消费者的正当需求，此时消费者价值曲线 V1 整体向右移动，得到消费者价值曲线 V2，如图2（2）。随着消费者价值曲线的不断右移，消费者价值不断提高，企业家所领导的企业也不断走向良性发展的轨道，其管理水平、技术水平、服务水平能够得到公众的认可，企业家在公众面前树立了勇于承担社会责任的健康良好的形象，其所领导的企业能够获得持续发展的动力。

三、直接影响者

（一）员工

企业家与员工一起构成企业的直接行为主体，他们一道为企业的生存目标与发展目标而奋斗，从理论上分析，他们应该有共同的价值观与信仰，对于企业和企业家是否应该履行社会责任有同样的判断标准。然而，由于他们所处职位不同，承担的责任也不一样，所谓"不在其位，不谋其政"就是说因为职位的分别，权利与义务不相同，不同员工对于企业家是否履行社会责任有不同的认识。从宏观上来看，员工希望与自己一起工作、奋斗的企业家是一个果敢、诚信、积极、公平、热情的人，具有使命感、责任感的伦理品质，自己为之服务的企业是一个负责任的企业，能获取持续的发展。员工以在这样的企业工作而具有荣耀感。从微观上来看，企业家履行社会责任其中之一就是对员工的责任，它是企业家社会责任的一个组成部分。企业家较好地履行社会责任，一方面意味着员工可获得的利益相对减少；另一方面，企业家在履行社会责任时是否能在当前利益与持续发展之间取得均衡也是员工考虑的问题，无论当前利益还是长远利益受损，都是员工不希望看到的。

（二）家庭

企业家因其才学、获取经济利益的能力在家庭成员中较高，一般是家庭中的精英人物，其决策对家庭生活有重大影响。家庭成员一方面希望企业家能为家庭获取更多的经济利益，为家庭成员的工作与生活提供更好的经济基础；另一方面，企业家又是家庭对外界的荣耀，家庭成员希望企业家能为家庭带来更多的荣誉，企业家较好地履行社会责任无疑会给家庭增光添彩。由于家庭成员结构的复杂性，价值观与目标导向也会不一致，企业家在履行社会责任时，会受到不同家庭成员的影响。

通过以上分析我们知道，企业家社会责任的驱动要素不但从当前利益与持续发展两个方面决定了企业家履行社会责任的意愿与程度，而且还决定了企业家的价值观。它们既相互独立又相互影响，构成了企业家社会责任驱动要素的框架结构（如图3）。企业家社会责任由其所处的社会环境中的多种驱动要素所决定，不同的社会环境、同一社会环境中各种驱动要素作用力的变化，都会导致企业家履行社会责任意愿与程度的变化，因此，企业家在履行社会责任时，必须兼顾各方利益。

第二节　政府对企业社会责任中的推进机制

企业家社会责任必须考虑成本问题，让企业生存下去才有承担社会责任的可能，因此，理解企业的问题与困难对于社会责任的推进无疑是重要的。政府作为市场竞争环境中的监督者与服务机构，应有效运用宏观调控手段，制定相应的规则和制度，以企业的利益为纽带引导企业家承担相应的社会责任。

在推进企业家社会责任实践的过程中，政府应首先做好以下工作：①宣传企业社会责任的理念，培训企业社会责任所涉及的内容，提供指导、咨询、帮助。②严格执法，做好宣传。③宣传国际标准化的指导文件。④加强国际合作与沟通，即推行企业社会责任的最好方式是以善意态度帮助企业提高责任能力。

一、 科学的考评机制

对企业家的社会责任考评并不只是监管者与社会公众的意见，还要充分考虑到企业家的自身性质、责任能力及其他相关的多元利益主体意见。在考评过程中应尽量避免主观臆断、个人恩怨等情况，同时将企业家社会责任活动全面纳入考核的范围。科学的考评机制能够充分反映每一个企业家的责任表现，以此为基础所做的奖励、惩罚等决策也更加透明、公平，更能够激发企业家承担社会责任的积极性。

二、 完善的培训机制

在没有压力的环境下，企业家的进取心会渐渐被惰性所替代。因此，在创建企业家社会责任推进机制的初期，一定要特别重视制度约束的作用。完善培训体系，对企业高层的社会责任培训不但要形成体系，还要贯穿企业发展的始终。企业家之间还可以相互学习，共同提高，并求得创新。要建立健全企业家社会责任制度，包括推进指导小组社会责任制度和一般企业家社会责任制度，并加强督察和考核。要制定中长期企业家社会责任教育培训规划，有计划地加强对企业经营者的培训和教育，建立教育培训机制。

三、 健全的修正机制

严格执行有关制度，并同奖惩、升降职挂钩，只有体现制度的严肃性，才能真正推进企业家社会责任活动的顺利开展。要将物质和精神激励相结合，将社会责任项目激励和常规激励相结合。这不仅能使员工产生责任感和自信心，还能够激发荣誉感和事业心。点面结合既能覆盖到激励的覆盖面，有能使激励产生持续效果，从而企业能够逐渐发展壮大，承担起企业家对社会的基本责任。这样，政府的各项制度规则才能够真正发挥效用，才能够通过宏观调控和管理使企业承担起对社会的外部性责任。

四、鼓励社会责任投资

社会责任投资已成为某些国家金融市场的主流，而且势头越来越猛。投资者的社会责任取向对于管理层的社会责任具有举足轻重的作用，无论是个体投资者还是机构投资者，都将肩负着推动公司社会责任实践、在商业界落实社会正义的重大责任。随着我国的基金管理公司、保险公司、养老基金作为机构投资者的崛起，强调机构投资者的社会责任投资意义重大。因此，基金管理人投资于具有社会责任感的公司，不仅在法律上和伦理上具有正当性和合法性，而且从长远看有利于基金持有人的利益最大化。当前，我国基金管理公司在选择投资对象时，往往偏重于公司的财务表现尤其是近期财务表现，缺乏长期投资、战略投资、社会投资的雄才大略。这种做法看似对自己的基金持有人利益负责，但长此以往必将助长投资对象的唯利是图行为，最终导致投资对象、社会形象与盈利水平的集体沦丧。机构投资者应争当社会责任投资者。

五、设立企业社会责任奖励基金

为鼓励企业家自觉当好人，避免劣币驱逐良币的现象，政府应推出一系列优惠措施对积极履行社会责任的企业家提供各种财产利益与非财产利益，鼓励企业家自愿、全面践行社会责任。例如，对于社会责任记录良好的企业家，政府应当在政府采购活动中优先提供政府采购的机会。国家应对那些积极承担社会责任而给其他企业家做出表率或因承担社会责任而对社会良性发展产生重要影响的企业家给予物质或现金奖励，即社会责任奖金（或社会责任奖励证书），如国家颁发的环保贡献奖金、社会福利事业优秀奖金等。对获得相关奖励或证书的企业家给予一定的物质激励，有利于强化企业家对承担社会责任的荣誉感和认同感。

另外，对于乐善好施的企业家从事公益事业捐赠活动时，政府应当对其提供减免税待遇。当然，政府的激励措施不局限于物质奖励。精神奖励有时更重于物质奖励，政府应当对于有诚信的企业家予以必要的精神奖励。

六、建立与完善企业社会责任信息披露制度

传统的《公司法》为了追求保护股东和债权人的立法价值，在信息披露制度上只强调财务信息，很少涉及用工、消费、环境保护等方面的社会信息。在这方面，我国应在公司法和证券法中导入社会公开法律机制，丰富信息披露的外延与内涵，把股东之外的其他利害关系人与股东、证券投资者和债券人一道纳入社会公开机制的保护伞，并把信息公开披露的内容由传统的财务性公开，扩大到包括财务性公开和社会性公开在内的广泛内容。相关政府机构应当据此完善信息披露格式，使信息披露制度惠及包括广大投资者在内的各类利益相关者。上市公司作为全国性透明度最高的公司，在履行社会责任信息披露方面理应率先垂范。

由于推进企业家社会责任是一个动态的、长期的过程，不可能一蹴而就。要遵循循序渐进的原则，稳步推进。注重结合企业家的实际和特点，本着与企业家工作紧密结合的思路，制定阶段性推进措施，进行较深入的尝试，并在实施的过程中不断完善，只有这样，推进企业家社会责任工作才能顺利有效。

第三节　企业对企业家社会责任的拉动机制

强化企业家社会责任是企业管理达到一定水平后企业进一步发展的方向，树立社会责任理念并将之制度化，也是我国企业健康发展的必然要求。在社会责任管理方面，中国的企业组织应广泛地与世界上大公司进行必要的沟通，学习其处理社会关系和担负社会责任的经验，从遵循国际规则的高度理解和认识企业履行社会责任的必要性，从提高企业经营管理水平的高度领会企业履行社会责任的必然性。在企业管理组织结构层次中，要把社会责任管理贯彻到从上到下的各个层次，要在管理组织机构的底层加强社会责任管理目标的组织落实，避免重大的管理事故出现和控制小的管理事故的发生，降低企业管理的机会成本。无论是对一个国家，还是对一个企业，都应在获取利润的同时承担起相应的社会责任。

一、企业与企业家的利益共赢

在企业家社会责任全面推进的过程中，政府的辅助性约束与支持固然重要，但是企业家自身的主体作用同样不可轻视，企业家对社会责任推进中的拉动作用同样举足轻重。

从企业家的实际情况来看，企业家承担社会责任会给企业带来良好的广告效应。企业通过关注公益事业，主动承担社会责任，有利于满足社会公众的期望，塑造企业家良好形象。企业还可以通过大众喜欢的形象发挥品牌效应，同时企业可以创造更好的氛围，创造良好的生活质量和更令人向往的团体，使企业家保持长期利润的取得和长久的发展，这也是企业家战略思想和战略眼光的体现。

二、企业发展对社会责任的拉动机制

（一）企业发展计划对社会责任的拉动

战略部门制定的企业发展计划应包括企业家社会责任的发展目标。企业家之所以对政府或者社会所采取的各种社会责任及其激励措施做出反应，最根本的动机是源于对自身发展的关心与重视。所以，企业家社会责任无疑应该成为企业家自我发展计划建设中各级组织尤为关注的问题。

（二）企业领导人对社会责任的拉动

企业领导人的社会地位是与他的社会责任紧密相连的，较高的社会地位自然会赋予其相应的社会责任。企业领导人的首要责任是冷静而实际地确定和预测企业行为有哪些影响。在企业家社会责任感理念下，企业活动需要减少员工对领导的依赖性，增加信任、授权，要敢于让下属放手干，当然也要实施必要的控制。

（三）优秀企业员工示范对社会责任的拉动

员工行为会直接影响到顾客和其他利益相关者，充分激发起每一个员工的积极性和创造性是实现企业家社会责任的关键，必须让员工不断超越自我，从而促进整个企业的发展。今天，企业的成功直接与全体员工的发展、敬业和全身心的投入相关。所以，企业家社会责任战略要和个人的发展需要结合起来。因此，个人发展拉动机制应贯穿于整个企业家社会责任的推进机制中。

由于企业活动从目标的制定到实施都是以员工为主体，领导只是起到一个引导和支持的作用，所以"人本主义"的思想体现无疑。在推进社会责任的过程中，要对在社会责任实践过程中表现突出的员工及其事迹进行广泛的宣传与表彰。要用事实和行动来鼓舞和带动员工，要真正发挥承担社会责任的示范作用，使其成为企业员工学习的楷模，使企业员工都向着这个方向努力。

三、企业文化对社会责任的拉动机制

企业文化是指一个企业的行为规范和共同的价值观念，它是企业核心的价值观。成功的企业都具有强势文化，即全体员工都从内心深处认同并自觉遵守公司的价值观、制度和行为方式，认可并热爱公司的标志、品牌形象，企业具有强大的内部竞争力。因此，建构正确的企业文化对一个企业乃至对社会都是至关重要的。企业文化是企业的灵魂，企业的社会责任文化则是企业文化的核心，它体现的是一种经营思想和管理手段，对内体现了一种精神的追求、高效的管理，对外体现了一种精神面貌和强大的竞争力。对于企业来说，企业文化在很大程度上对企业社会责任起到重要的推动作用。

四、企业社会责任的全过程管理

企业在推进社会责任的过程中，应实行企业社会责任的全过程管理，以最小的成本、最大效应来提升企业社会责任执行力。

（一）企业领导人的承诺

随着经济全球化的加剧，企业领导人的社会责任感问题越来越得到广泛的关注。企业领导人的责任感的强弱不仅关乎企业自身的可持续发展，还与国家经济、环境和社会的可持续发展密切相关。社会责任感成为考评企业领导人素质的首要因素。企业是社会的细胞，企业的长远目标必须与社会发展的目标相一致，企业领导人要自觉关注社会进步和文化的发展，合理制定自己的短期、长期计划，走"低投入、

低消耗、低排放、高效益、可循环、可持续"的现代企业发展道路。

（二）以企业文化为基础，建立社会责任文化

企业社会责任文化包含以下方面：人力资源、会计、产品、诚信、质量、安全、社会问责、法律等。企业领导人通过企业文化凝聚员工的意志，进而生产出优质的产品。这种企业文化是对社会的优秀文化的吸收和再创造，同时又对社会责任文化具有重要的影响和作用。企业文化与社会责任文化的这种双向互动作用推动着人类精神文明的发展。

（三）企业价值与战略协调一致，即推进战略性企业社会责任

战略性企业社会责任是指能为企业带来利润的涉及企业社会责任的政策、项目或过程，它能支持企业的核心业务，从而有效地实现企业的使命。战略决策是关系到企业生存发展的关键因素。将企业价值和企业战略协调一致是企业全面落实社会责任的重要要求和基本条件。

（四）企业全体人员的共识

在全面推进企业社会责任的过程中，必须"以人为本"，这里的"人"就是指企业的全体员工。员工是企业的主体，企业尊重员工就是对员工的一种责任。而这种责任是互动的，企业对员工负责，员工就会信任企业，从而使员工对企业价值达成共识，最大限度地提升企业社会责任的执行力。

（五）科学的企业组织机制

拥有一套行之有效、运转有序的科学的公司治理结构是现代企业制度的鲜明特点。公司治理结构能够作为一个高效的整体权利体系发挥它的经营管理功能，是因为各权利要素（股东会、董事会、经理阶层）之间在责、权、利诸方面存在着均衡有效的制衡机制，能够做到

权限明晰、责权相应、互相约束、有效监督。

（六）有效的企业社会责任会计

社会责任会计是研究如何更好地维护可持续发展，为企业管理当局、政府、社会公众等相关利益集团和个人的决策提供企业的社会责任履行情况的会计信息系统。我国应建立企业社会责任会计，以便有效地协调企业经营目标与社会目标的矛盾，维护市场经济的正常秩序。

第四节　消费者对企业家社会责任的监督机制

企业履行社会责任需要一个社会基础，这就是社会公众的责任意识。企业履行社会责任，从根本上说受益者是广大的社会公众。公众的积极参与，是包括企业在内的全社会责任意识提升的最重要的标志；公众的广泛监督，是企业履行社会责任的最有力的保证。目前，中国的消费者在自身权益屡受侵害的情况下，维权意识正在逐步形成，这是在市场经济条件下人们观念发生变化的重要体现。政府可以通过教育、宣传等方式，培育社会公众对自己、对他人和对社会的责任意识，使之学会利用消费者的权利，来为自己和广大劳动者争取合法的权益，学会借助于法律并利用社会舆论来有效约束和正确引导企业行为。

最初的企业社会责任运动肇始于消费者运动的压力。1991年，美国大型牛仔裤制造商 LEVI - STRAUSS 的海外工厂在监狱般的工作环境中使用年轻女工的事实被曝光，顿时成为舆论和消费者运动关注的焦点，成为"血汗工厂"的典型。为挽回企业的形象，该公司草拟了世界上第一份企业内部生产守则。随后，在人权组织、劳工组织、环保组织、道德投资机构以及各类 NGO 的应援支持下，消费者运动的视线转向一系列的大型跨国公司，从而促使更多的跨国公司制定了企业内部生产守则，并设置专门机构，配备专职人员，负责内部生产守则的贯彻实施，包括跨国公司本部及供货商、分包商在内的"生产链"全过程。企业社会责任运动从此起步，并迅速波及全球。

在现实中，企业家和消费者的关系决定的消费者的态度会对企业家在社会责任方面的决策产生很大的影响。而目前在中国的企业家社会责任进程中，这两个群体是缺失的。也就是说，缺乏对不实行企业家社会责任的企业家的舆论监督氛围。反之，企业家在自己的生存受到威胁的情况下，就不得不在企业家社会责任方面做出一些努力。为了使消费者和非政府组织这股推动企业家社会责任的力量发挥应有的作用，也需要对他们进行企业家社会责任意识的推广。

参考文献

Scott Bowman. The Modern Corporation and American Political Thought：Law，Power，and Ideology. The Pennsylvania State University Press，1996.

Bremner R. H. America Philanthropy. Chicago：University of Chicago Press，1987.

Saleem Sheikh. Corporate Social Responsibilities：Lawand Practice. Cavendish PublishingLimited，1996.

Clarkson M. 1995，A Stakeholder Framework for Analyzing and Evaluating Corporate Social Performance，AcademyofManagementReview20（1）：92 - 117.

田虹，企业社会责任及其推进机制，经济管理出版社，2006 年.

常凯：经济全球化与企业社会责任运动 . 工会理论与实践，2003，（4）：1 - 5.

罗殿军、李季：发达国家对企业履行社会责任的影响因素分析——以美国和欧洲为例，上海经济研究·2007 年第 8 期：100 ~ 104.

董志勇：《行为经济学》，北京大学出版社，2008 年 1 月第 6 版.

董志勇：《行为经济学原理》，北京大学出版社，2007 年月第 1 版.

董志勇：《实验经济学》，北京大学出版社，2008 年 2 月第 1 版.

董志勇、聂启明、康占平：《新农村中的经济学》，清华大学出版社，2008 年 1 月第 1 版.

后　记

福特公司创始人亨利·福特曾说过一句非常精辟的话："经营的企业要赚钱，如果不赚钱就会死掉；但是只关心赚钱，而对社会规律不闻不问，这个企业也会死掉。"并且现在伴随着经济全球化的发展，强调企业家的社会责任尤为重要。首先，我国已加入WTO，就应遵守包括企业社会责任在内的国际规则；其次，正确引导国内企业在注重自身发展的同时，重视企业家社会责任的承担，并从中寻找新的竞争优势资源，实现企业发展和社会进步的"双赢"。

我国企业家社会责任感薄弱有着深刻的历史和现实原因，仅靠个人微薄的力量是很难改变的。本人不揣冒昧，尝试着用行为经济学的视角来解释和分析了这个问题，并且提出了一些建议。希望本书能对相关部门制定相关的制度和法律法规有所助益。

此时此刻，我要特别感谢北京大学经济学院董志勇教授，他时刻关注着我的研究进展，毫无保留地给我提出意见和建议，他的意见总是切中要害，促使我做进一步的思考。每当研究遇到困难时，与他交流总会让我有拨云见日的感觉。他是我的益友，也是我的良师，他不仅教给我做研究的方法，其严谨的治学态度和谦逊的为人作风也深深地影响了我，使我受益匪浅。

本书能够完成，我还要感谢中央民族大学新闻传播学院杨婷同学、北京大学经济学院黄迈和官靓同学、中国人民大学财政金融学院邓丽同学、经济学院沈健同学等。没有他们与我一起调研讨论，这本书不可能这么快出版。他们青春的气息、灵动的思维、丰富的知识使我和他们在一起时既轻松快乐，又收获颇丰。

本书能够完成，我还要感谢中共北京市委统战部门及市工商联和区工商联领导对我多年的培养和教育。作为非公有制经济代表人士的代表，我能有幸加入工商联组织，可以经常得到它们在政治上不断的关心和指导，使我在政治思想境界上有了进一步的升华。

本书能够完成，我还要特别感谢中共北京市朝阳区委及区委组织部门和统战部门领导的大力支持和帮助。正是因为与他们的沟通和交流，才使我萌发创作本书的欲望和动力。在本书的创作过程中，它们给予了我巨大的精神鼓励。

最后我想感谢我的家人和朋友，在这本书的整个创作过程中，我的家人和朋友一直都在关心、支持着我。这本书也是送给你们的一份礼物。

在写作过程中，我汲取和引用了国内外许多专家、学者的研究成果，在此不一一列举，谨向这些作者们表示深切的谢意！

企业家社会责任理论研究和实践运动在我国刚刚开始，迄今已有一些著作问世，但尚无全面系统的研究成果，本书只是对此进行了一个初步尝试，由于水平有限，不成熟、不妥当甚至不正确之处在所难免。我真诚地希望社会各界读者从不同角度提出批评意见。愿更多的同道与我一起关注中国企业家的成长，愿中国企业家能自觉承担社会责任，愿我们的国家更加和谐繁荣。

聂启明